Andrzej Moszczyński jest autorem 23 książek, 34 wykładów oraz 3 kursów. Pasjonuje go zdobywanie wiedzy z obszaru psychologii osobowości i psychologii pozytywnej.
Ponad 700 razy wystąpił jako prelegent podczas seminariów, konferencji czy kongresów mających charakter społeczny i charytatywny.

Regularnie się dokształca i korzysta ze szkoleń takich organizacji edukacyjnych jak: Harvard Business Review, Ernst & Young, Gallup Institute, PwC.

Jego zainteresowania obejmują następujące tematy: potencjał człowieka, poczucie własnej wartości, szczęście, kluczowe cechy osobowości, w tym między innymi odwaga, wytrwałość, wnikliwość, entuzjazm, wiara w siebie, realizm. Obszar jego zainteresowań stanowią również umiejętności wspierające bycie zadowolonym człowiekiem, między innymi: uczenie się, wyznaczanie celów, planowanie, asertywność, podejmowanie decyzji, inicjatywa, priorytety. Zajmuje się też czynnikami wpływającymi na dobre relacje między ludźmi (należą do nich np. miłość, motywacja, pozytywna postawa, wewnętrzny spokój, zaufanie, mądrość).

Od ponad 30 lat jest przedsiębiorcą. W latach dziewięćdziesiątych był przez dziesięć lat prezesem spółki działającej w branży reklamowej i obejmującej zasięgiem cały kraj. Od 2005 r. do 2015 r. był prezesem spółki inwestycyjnej, która komercjalizowała biurowce, hotele, osiedla mieszkaniowe, galerie handlowe.

W latach 2009-2018 był akcjonariuszem strategicznym oraz przewodniczącym rady nadzorczej fabryki urządzeń okrętowych Expom SA. W 2014 r. utworzył w USA spółkę wydawniczą. Od 2019 r. skupia się przede wszystkim na jej rozwoju.

Inaczej o dobrym i mądrym życiu to książka o umiejętności stosowania strategii osiągania wartościowych celów. Autor opisuje 22 aspekty, które prowadzą do bycia mądrym. W jakim znaczeniu mądrym?

Mądry człowiek jest skupiony na działaniu ukierunkowanym na podnoszenie jakości życia, zarówno swojego, jak i innych. O tym jest ta książka: o byciu szczęśliwym, o poznaniu siebie, by zajmować się tym, w czym mamy największy potencjał, o rozwinięciu poczucia własnej wartości, które jest podstawowym czynnikiem utrzymywania dobrych relacji z samym sobą i innymi ludźmi, o byciu odważnym, wytrwałym, wnikliwym, entuzjastycznym, posiadającym optymalną wiarę w siebie, a także o byciu realistą.

Mądrość to umiejętność czynienia tego, co szlachetne. Z takiego podejścia rodzą się następujące czyny: nie osądzamy, jesteśmy tolerancyjni, życzliwi, pokorni, skromni, umiejący przebaczać. Mądry człowiek to osoba asertywna, wyznaczająca sobie pozytywne cele, ustalająca priorytety, planująca swoje działania, podejmująca decyzje i przyjmująca za nie odpowiedzialność. Mądrość to też zaufanie do siebie i innych, bycie zmotywowanym i posiadającym jasne wartości nadrzędne (do których najczęściej należą: miłość, szczęście, dobro, prawda, wolność).

Autor książki opisuje proces budowania mentalności bycia mądrym. Wszechobecna indoktrynacja jest przeszkodą na tej drodze. Jeśli jakaś grupa nie uczy tolerancji, przekazuje fałszywy obraz bycia zadowolonym człowiekiem, to czy można mówić o uczeniu się mądrości? Zdaniem autora potrzebujemy mądrości niemal jak powietrza czy czystej wody. W tej książce będziesz wielokrotnie zachęcany do bycia mądrym, co w rezultacie prowadzi też do bycia szczęśliwym i spełnionym.

Szczegóły dostępne na stronie:
www.andrewmoszczynski.com

Andrzej Moszczyński

SUKCESY SAMOUKÓW

KRÓLOWIE WIELKIEGO BIZNESU

CZ. 2

2021

© Andrzej Moszczyński, 2021

Redaktor prowadzący:
Alicja Kaszyńska

Zespół redakcyjny:
Anna Imbiorkiewicz, Karolina Kruk, Ewa Ossowska, Barbara Strojnowska,
Krystyna Stroynowska, Dorota Śrutowska, Robert Ważyński

Projekt okładki:
Mateusz Rossowiecki

Korekta oraz skład i łamanie:
Wydawnictwo Online
www.wydawnictwo-online.pl

Wydanie I

ISBN 978-83-65873-79-8

Wydawca:

ANDREW MOSZCZYNSKI
I N S T I T U T E

Andrew Moszczynski Institute LLC
1521 Concord Pike STE 303
Wilmington, DE 19803, USA
www.andrewmoszczynski.com

Licencja na Polskę:
Andrew Moszczynski Group sp. z o.o.
ul. Grunwaldzka 472, 80-309 Gdańsk
www.andrewmoszczynskigroup.com

Licencję wyłączną na Polskę ma Andrew Moszczynski Group sp. z o.o. Objęta jest nią cała działalność wydawnicza i szkoleniowa Andrew Moszczynski Institute. Bez pisemnego zezwolenia Andrew Moszczynski Group sp. z o.o. zabrania się kopiowania i rozpowszechniania w jakiejkolwiek formie tekstów, elementów graficznych, materiałów szkoleniowych oraz autorskich pomysłów sygnowanych znakiem firmowym Andrew Moszczynski Group.

*Ukochanym córkom
Mai i Oli*

SPIS TREŚCI

Wprowadzenie 9
Karl Albrecht........................... 13
Isak Andić 33
Mary Kay Ash 45
Albert-René Biotteau 59
Richard Charles Nicholas Branson 83
Natan Darty............................ 103
Jean-Claude Decaux..................... 117
John Paul DeJoria 137
Walt Disney (właśc. Walter Elias Disney)... 155
Jack Dorsey 177

Zakończenie 207
Dodatek 1. Inspirujące cytaty............. 213
Dodatek 2. Książki, które rozwijają
i inspirują............................... 251
O autorze.............................. 271

„Nie ma rzeczy niemożliwych,
są tylko trudniejsze do wykonania".

Aleksander Wielki

Wprowadzenie

Niniejsza książka to druga część serii zawierającej łącznie 50 biografii przedsiębiorców samouków. Dzisiejszy system edukacji – publiczny, obowiązkowy, państwowy – charakteryzują dyscyplina, posłuszeństwo i autorytaryzm. Opiera się na oświeceniowym twierdzeniu, że człowiek jest *tabula rasa*, więc można go dowolnie kształtować i najpełniej rozwinął się w dziewiętnastowiecznych Niemczech Bismarcka.

Samoucy to ludzie, którzy zdołali wyłamać się z tego systemu i pójść własną drogą czy odnaleźć swoje miejsce w zupełnie innej branży niż ta, do której byli kształceni.

Dlaczego przedsiębiorcy? Dlatego, że nauczanie przedsiębiorczości w systemie szkolnym prawie nie istnieje. Szkoła przygotowuje nas – celowo – raczej do roli odbiorców i konsumentów niż twórców. Przygotowuje do szukania pracy, a nie rozwijania pasji w taki sposób, żeby stała się jednocześnie źródłem zarobku.

Przedsiębiorcy samoucy to bardzo liczna grupa ludzi – znacznie liczniejsza niż opisana w niniejszej serii. Większość z nich to ludzie od wczesnych lat życia mierzący się z trudnościami. Często pochodzili z biednych rodzin jak Walt Disney. W przypadku innych, jak Natan Darty, były to dodatkowo rodziny emigrantów zmuszonych do opuszczenia ojczyzny w poszukiwaniu lepszego losu bądź uciekający przed prześladowaniami.

Mimo różnic w pochodzeniu, stopniu zamożności czy miejscu zamieszkania wszystkie te postacie łączy nastawienie do życia, a przede wszystkim: determinacja w osiąganiu celów, entuzjazm, kreatywność, śmiałe marzenia. Karl Albrecht (twórca sieci sklepów ALDI) mówił: „Zawsze wierzyłem w swoje pomysły i konsekwentnie je realizowałem. To było tak oczywiste, tak łatwe, że każdy mógłby to zrobić". Mery Kay

Ash, twórczyni firmy kosmetycznej działającej w systemie sprzedaży bezpośredniej, doradzała: „Nie ograniczaj się. Wielu ludzi ogranicza się do tego, co wydaje im się, że mogą zrobić. Nie wiedzą, że mogą zajść tak daleko, jak daleko pozwala im na to wyobraźnia. Pamiętaj, jeśli w coś wierzysz – możesz to osiągnąć".

Warto, czytając niezwykłe historie 50 samouków biznesmenów, znajdować w nich to, co najcenniejsze. Wzmacniać w sobie wiarę w siebie i swoje marzenia. Nauczyć się od nich formułowania celów oraz entuzjazmu i determinacji w ich realizowaniu. Poznać, jak patrzyli na świat i co uznawali za największą wartość. Moim zdaniem, powinniśmy jednak przyglądać się tym historiom także krytycznie, a niektóre potraktować jak ostrzeżenie. Życie bowiem, jeśli jego największą wartością jest pieniądz, nie przyniesie szczęścia i nie będzie prawdziwym sukcesem, bo jak mówi John Paul DeJoria: „Aby odnieść sukces, musisz kochać ludzi, kochać swój produkt i kochać to, co robisz", zaś Amando Ortega Gaona, twórca marki odzieżowej Zara, wyznający tradycyjne wartości: wiarę i rodzinę, konkluduje: „Doszedłem do takich pieniędzy, ponieważ pieniądze nigdy nie były dla mnie celem".

Zapraszam do inspirującej lektury kolejnych 10 biografii przedsiębiorców samouków.

Andrzej Moszczyński

Karl Albrecht

(1920-2014)

niemiecki przedsiębiorca, współzałożyciel
i współwłaściciel sieci supermarketów
spożywczych Aldi

Karl patrzył na znajomy budynek z czerwonej cegły przy ul. Huestrasse 89 w Schonnebeck, górniczej dzielnicy Essen. Po powrocie z niewoli wojennej pierwsze kroki skierował właśnie tam, pod sklep matki, by sprawdzić, czy kamienica nadal istnieje. Przed oczami przewijały mu się obrazy z dzieciństwa: choroba ojca, smutek w oczach mamy, on z młodszym bratem codziennie rano ciągnący brukowanymi ulicami miasta drewniany wózek wypełniony świeżymi bułkami. Sprzedawali je, by pomóc rodzicom w piekarni i niewielkim sklepiku z artykułami spożywczymi…

Ojciec Karla Albrechta był górnikiem, ale praca w trudnych warunkach miała zgubny wpływ na jego zdrowie. Chory na rozedmę płuc, w 1913 roku musiał porzucić kopalnię i podjąć źle opłacaną pracę w piekarni. Nieco później matka chłopców Anna, by podreperować rodzinny budżet, w czteropiętrowej kamienicy otworzyła mały sklepik spożywczy. Rodzice okazali się urodzonymi sklepikarzami, a Karl i dwa lata młodszy Theo dorastali wśród półek ciasno zastawionych produktami spożywczymi. Już jako dzieci zaczęli pomagać w prowadzeniu rodzinnego biznesu. Sprzątali sklep, wystawiali towary na półki, dostarczali większe zakupy klientom. To była prawdziwa nauka bez szkoły. Praktyka handlowa połączona z kształceniem wytrwałości i odpowiedzialności za to, co się robi, choćby to było tylko utrzymywanie sklepu w czystości.

Tak zdobyte doświadczenie jednak nie wystarczyło Karlowi. W latach 1934-36, po zakończeniu nauki w konserwatywnej katolickiej szkole podstawowej, odbył staż w znanym wówczas w całym Essen sklepie delikatesowym Mathiasa Weilera. Praktyka w zawodzie sprzedawcy stała się szkołą życia dla młodego Karla Albrechta. Skromny i niezwykle skryty chłopiec zyskał tam nieporównywalne z żadną wiedzą teoretyczną umiejętności. Nauczył się dbałości o dobrą jakość i świeżość sprzedawanych produktów, rozwinął komunikatywność i umiejętność radzenia sobie w konfliktowych sytuacjach z trudnymi klientami tak, by nie zniechęcić ich do ponownych zakupów. Dowiedział się także, jak radzić sobie ze stresem i trudnymi emocjami, a równocześnie zachować w sobie entuzjazm do tej niełatwej profesji. Rozwinięcie takich cech osobowości okazało się bardzo przydatne rodzinnej firmie. Kilkunastoletni Karl skutecznie radził sobie nie tylko z handlem, lecz także z odzyskiwaniem pieniędzy od ludzi, którzy zbyt długo nie chcieli zapłacić za kupione towary. Konsekwencja, upór, a przede wszystkim zdolności negocjacyjne okazały się skutecznym remedium na dłużników.

Karl bardzo cenił rodzinę, a szczególnie matkę, która była silną osobowością i autorytetem dla chłopca. Dzięki niej sklep się rozwijał, a życie Albrechtów mimo codziennych trudności toczyło się pomyślnie. Był też bardzo blisko związany z młodszym bratem. Przyjaźń i wzajemne zrozumienie przynajmniej częściowo wynikały ze wspólnych obowiązków, które na nich ciążyły. Jednym z trudniejszych było transportowanie towarów do Berchtesgaden. Służył do tego specjalnie skonstruowany pojazd powstały z połączenia ze sobą dwóch rowerów. Podróż w tę i z powrotem trwała 3 tygodnie i dawała braciom ogromne doświadczenie wspólnego wysiłku, pokonywania problemów oraz… niecałe 20 marek dochodu. Dla obu od początku było oczywiste, że ich rodzinna firma z czasem stanie się siecią sklepów spożywczych. Było to ich marzenie, do którego realizacji stale dążyli. Na przeszkodzie stanęła jednak wojna. Karl trafił do Wehrmachtu. W czasie walk frontowych pod Moskwą został ciężko rany i cudem uniknął amputacji nóg, ale dostał się do niewoli, podobnie jak nieco wcześniej w Tunezji Theo, żołnierz Korpusu Afrykańskiego.

Wkrótce po zakończeniu II wojny światowej Karl znów stanął za ladą rodzinnego sklepu. Pamiętał o dawnym marzeniu i spoglądał daleko w przyszłość. Największym celem obu braci, którzy w 1946 roku przejęli sklep matki, stało się odbudowanie rodzinnej firmy. Czy już wtedy przypuszczali, że to zalążek światowego imperium handlowego? Początki rozwoju przypadły na trudny okres, gdy zmęczone światowym konfliktem Niemcy Zachodnie cierpiały straszliwą biedę. Kraj dotknięty kryzysem potrzebował tanich produktów i tanich sklepów. To stworzyło przestrzeń do realizacji planów Albrechtów. Motorem napędowym była ogromna ambicja Karla, spore doświadczenie handlowe oraz znajomość nawyków zakupowych Niemców. Karl jak nikt znał ich potrzeby i pragnienia i potrafił z tej wiedzy skorzystać. Ideą rozwoju firmy stało się wykształcenie w klientach przekonania, że to, czego potrzebują, najtaniej dostaną w sklepach Albrechtów. Tylko jak to zrobić?

Karl nie liczył na szczęście. W oparciu o wiedzę poprzedzoną dokładną analizą potrzeb klientów wykreował cały proces rozwoju firmy, rozpisując realne zadania na małych karteczkach tworzących z czasem pajęczą sieć drogi do sukcesu. Okazał się wielkim znawcą marketingu, co wydaje się oczywiste, skoro studia w tej dziedzinie rozpoczął jako dziecko za ladą sklepu matki. Orientacja na działanie, determinacja i nastawienie na osiągnięcie celu miały wkrótce przynieść efekty. Najpierw jednak należało dostrzec i pokonać trudności.

Najwięcej kłopotów przysparzała rosnąca konkurencja okolicznych sklepów. Karl zastanawiał się, co zrobić. Nadal obserwował klientów i wysnuwał wnioski z ich zachowań zakupowych. Sposobem, żeby przyciągnąć jak najwięcej ludzi do swojego sklepu, okazały się atrakcyjne ceny i ograniczona, ale równocześnie zaspokajająca potrzeby odbiorców oferta, w której znalazły się wyłącznie podstawowe produkty. Karl był bystrym obserwatorem i szybko się uczył. Zauważył, że wystrój sklepu miał dla kupujących znaczenie drugorzędne, więc postanowił na tym zaoszczędzić, a dzięki temu mieć ceny niższe niż konkurenci. Ograniczenie do minimum wszelkich dodatków towarzyszących procesowi sprzedaży stało się podstawową zasadą braci Albrecht. Początkowo w ich sklepach nie było nawet regałów, a towar sprowadzany w ilościach hurtowych sprzedawano prosto z palet. Wnętrza sklepów oświetlane przez gołe jarzeniówki nie wyglądały przyjaźnie, mimo to klientów skuszonych atrakcyjnymi cenami wciąż przybywało. Produkty były tanie, ale asortyment sprawiał wrażenie bogatego. Wypełnione po brzegi regały dawały poczucie, że klient znajdzie tu wszystko, czego potrzebuje. Można było kupić podstawowe produkty spożywcze: chleb, mleko, masło oraz wyroby suche lub konserwowane po bardzo niskich cenach (czasem nawet 20% taniej niż u konkurencji). Oferta taka wychodziła naprzeciw oczekiwaniom walczących ze skutkami wojny i z kryzysem gospodarczym Niemców.

Pod koniec 1946 roku bracia zaczęli otwierać kolejne sklepy wokół miasta. Już cztery lata później rozwinęli sieć sprzedaży do 13 punktów handlowych. Do 1955 roku było ich ponad 100 w górę i w dół biegu Renu, początkowo w typowo przemysłowej części Zagłębia Ruhry. Kolejne pojawiały się jak grzyby po deszczu. Co powodowało taką popularność? Przede wszystkim to, że sprzedawano w nich podstawowe produkty, które były tanie, a równocześnie świeże i dobrej jakości.

Karl wykorzystał wiedzę, którą posiadł już dawno, podczas praktyki w przedwojennych delikatesach: żeby klient chciał kupować towar, trzeba mu zaoferować najlepszy, jaki tylko się da, za cenę najniższą, jaką można skalkulować.

Bracia Albrecht nie podążali za nowinkami technicznymi, bo zwiększało to koszty własne. Doświadczenie podpowiadało im, że w ich branży można się bez tego obyć. Jednak cały czas obserwowali rynek, żeby na bieżąco poznawać jego reakcje. W końcu kasy fiskalne czy chłodnie pojawiły się też w popularnych „aldikach". To, że Albrechtowie nie spieszyli się z wdrażaniem innowacji, nie oznaczało, że nie eksperymentowali. Zastanawiali się, jak jeszcze zmniejszyć koszty sprzedaży. Stopniowo zwiększali samoobsługę w swoich sklepach, obserwując, w jaki sposób wpływa to na kupujących. Kolejnym krokiem stało się konsekwentne wprowadzenie profilu dyskontowego, czyli proponowanie nie więcej niż 350 produktów na początku w każdym nowo otwartym sklepie. Zauważyli też, że o ile w centrach miast sklepów jest dużo, o tyle mieszkańcy dzielnic peryferyjnych mają kłopoty ze zrobieniem zakupów. Zaczęli otwierać dyskonty na przedmieściach miast i po raz kolejny odnieśli sukces. Nauka poprzez obserwację i chęć rozumienia potrzeb klienta okazała się skutecznym sposobem na rozwój.

Od 1962 roku dyskonty zaczęły funkcjonować pod nazwą Aldi. Wmyślił ją Theo, łącząc pierwsze litery wyrazów **Al**brecht **Di**scont. Rok wcześniej bracia Albrecht podzielili firmę między siebie: Karl przejął dochodowe sklepy na południu Niemiec oraz w Wielkiej Brytanii, Australii i Stanach Zjednoczonych, a jego brat w północnych Niemczech i reszcie Europy. W ten sposób powstały Aldi Süd i Aldi Nord rozwijające się odtąd niezależnie od siebie.

Praca w sieci Aldi nie należała do łatwych. Sprzedawczynie były równocześnie magazynierkami i sprzątaczkami. Znały na pamięć ceny artykułów i obsługiwały klientów w bardzo szybkim tempie, by zapobiec długim kolejkom do kasy. Jednak wysiłek i kompetencje Karl Albrecht nagradzał uczciwie. Wiedział, że warto inwestować w ludzi, gdyż odpłacą się uczciwością i efektywną pracą, dlatego w sieci Aldi Süd pracownicy zarabiali średnio 30% więcej niż w innych podobnych. Karl zanany był też z tego, że ufał ludziom, których zatrudniał i sam cieszył się ich szacunkiem.

W 1990 roku Karl Albrecht był właścicielem ponad 300 sklepów. Interesujące jest to, że sklepy reklamowały się same, nie prowadzono żadnej zorganizowanej kampanii reklamowej, a adresy dyskontów nie znajdowały się nawet w książce telefonicznej. W czym tkwi tajemnica sukcesu Karla Albrechta? Niewątpliwie był mistrzem sprzedaży. Związany z handlem od dziecka czuł jego puls. Każdy etap rozwoju stawał się okazją do nauki i punktem wyjścia do następnego. Na bazie stale pogłębianej wiedzy praktycznej wymyślił na przykład „metodę Aldiego", która do dzisiaj wskazuje kierunek rozwoju sklepom dyskontowym. Polega na zamawianiu towarów w dużych ilościach, bo to gwarantuje utrzymanie takich samych cen przez długi czas, co sprawia, że można sprzedawać taniej niż konkurencja. Karl bardzo szybko zrozumiał też, że w handlu ważna jest sprawna organizacja, jak najmniej złożony proces sprzedaży i ograniczona liczba towarów. Oczywiście z czasem zakres sprzedawanych produktów rozszerzał się, ale zasady funkcjonowania nie stały się mniej pragmatyczne.

Karl uważany był za twardego, ale uczciwego i rzetelnego negocjatora oraz wnikliwego obserwatora. Nieustannie śledził rynek, modę oraz zachcianki Niemców. Był otwarty na zmiany i potrafił przystosowywać asortyment do zmieniających się potrzeb klientów. Często rozmawiał z nimi, by sprawdzić, co można poprawić w funkcjonowaniu sklepów. Do późnej starości odwiedzał położony najbliżej domu sklep Aldi. Już w połowie lat trzydziestych wprowadził w swoje życie zasadę, że do biura udawał się tylko rano, a resztę dnia spędzał w domu. Zawsze miał czas dla rodziny, którą uważał ogromne wsparcie. Dużo czytał. Codziennie poświęcał czas na śledzenie bieżących wydarzeń w prasie oraz czytanie biografii sławnych ludzi. Najważniejsze decyzje dotyczące firmy podejmował w domu. Twierdził, że potrzebuje czasu i dystansu, by spojrzeć z odpowiedniej perspektywy na sprawy zawodowe. Dom uważał za najlepsze do tego miejsce.

Karl Albrecht zmienił oblicze branży spożywczej, a marka Aldi do dzisiaj jest liderem na rynku dyskonterów. Aldi Süd należy do najnowocześniejszych sieci sklepów spożywczych na świecie. Twórcą tego sukcesu był człowiek, który uwierzył w to, że mały sklepik spożywczy może stać się początkiem światowego imperium. U Karla Albrechta pewność przekonań była równie silna, co otwartość na możliwości samorozwoju i wiedzę, która pochodziła przede wszystkim z osobistych doświadczeń i obserwacji.

Nieśmiały chłopiec z konserwatywnej rodziny podążył drogą nieustannego poznawania świata i ludzi, a także mechanizmów rządzących potrzebami człowieka. Swoje obserwacje, doświadczenia zdobywane w branży spożywczej, ciągłe poszukiwania sposobów poprawienia efektywności poparł zdolnościami negocjacji i zarządzania oraz umiejętnie wykorzystał, budując światowe imperium spożywcze. Czy zdawał sobie sprawę z jego wielkości? Do końca życia ceniony i podziwiany przez konkurencję, a przy tym niezwykle skromny zwykł mawiać, że bogactwo nic dla niego nie znaczyło, ale dobrobyt dał mu poczucie wolności i niezależności, dlatego warto było podjąć trud zdobycia go.

KALENDARIUM:

20 lutego 1920 – narodziny Karla Albrechta w Essen
1934-1936 – praktyka zawodowa w Delikatessenhändler Mathiasa Weilera w Essen-Bredeney
1939-1945 – służba wojskowa w Wehrmachcie
1946 – przejęcie przez braci Karla i Theo Albrechtów rodzinnego sklepu z rąk matki
1961 – podział firmy na Aldi Süd i Aldi Nord

1962 – początki posługiwania się nazwą Aldi (skrót od Albrecht Discont)
1967 – otwarcie pierwszego supermarketu poza granicami Niemiec, w Austrii
19 października 1973 – założenie Fundacji Siepmann (nazwisko panieńskie matki) z siedzibą w Eichenau w Bawarii i przekazanie jej większości aktywów firmy
1976 – otwarcie pierwszego sklepu Aldi w Stanach Zjednoczonych, w stanie Iowa
1994 – wycofanie się z operatywnego kierowania siecią Aldi Süd
2012 – wystąpienie z rady nadzorczej
16 lipca 2014 – śmierć Karla Albrechta w Essen

CIEKAWOSTKI:

- Zainteresowania Karla to hodowla storczyków, kolekcjonowanie starych maszyn do pisania, a przede wszystkim sport. Był wielkim fanem golfa. Posiadał prywatne pole golfowe w Donaueschingen. Raz w tygodniu, we wtorki rano,

udawał się tam i spędzał czas na samotnej grze. W pobliżu pola golfowego miał mały własny domek połączony z polem golfowym za pomocą tunelu, by zapewnić sobie prywatność. Dbał o kondycję fizyczną, codziennie biegał, prowadził zdyscyplinowany i ascetyczny tryb życia.
- Podział firmy Aldi między braci nastąpił prawdopodobnie z powodu sporu o papierosy. Karl chciał je sprzedawać, a Theo nie. W Aldi Süd można więc było kupić papierosy, a w Aldi Nord był większy wybór słodyczy i alkoholi.
- Karl Albrecht do końca życia polował na okazje u Aldiego. Do końca życia pozostał też wierny manii oszczędzania, na przykład prowadził korespondencję na papierze firmowym opatrzonym dawnym czterocyfrowym kodem do czasu, aż wyczerpał jego zapasy.
- Karl był bardzo tajemniczy i skryty. Najbogatszy człowiek w Niemczech nigdy nie wystąpił publicznie, nie udzielił wywiadu, unikał zdjęć. Konsekwentnie odmawiał przyjmowania wyróżnień i nagród oraz stronił od świata polityki. Jego dom w Bredeney – prestiżowej willo-

wej dzielnicy Essen nie rzucał się w oczy. Miał niewielkie grono przyjaciół, głównie partnerów do gry w golfa, których rzadko zapraszał do domu. Najbardziej związany był z żoną, z którą dzielił życie przez 67 lat. W 1987 roku magazyn „Forbes" wynajął fotografa, który przez dwa tygodnie śledził obu braci Albrecht i ich domy. Wynikiem są dwa rozmazane zdjęcia, ostatnie, jakie udało się im zrobić.

- Karl Albrecht przez wiele lat słynął ze skąpstwa. To się zmieniło w 1971 roku po porwaniu jego brata Theo, który został uwolniony po kilkunastu dniach. Połowę ceny okupu, czyli 3,5 mln marek zapłacił wówczas Karl.

INFORMACJE:

- Sieć Aldi sud prowadzona przez starszego z braci – Karla Albrechta obecnie posiada 4600 sklepów w 9 krajach, w tym 1200 w 32 stanach USA. Osobna część sieci prowadzona przez Teo Albrechta posiada 4800 sklepów

w całej Europie. 87% Niemców robi regularnie zakupy w sklepach Aldi.
- Plany rozwoju przewidują zwiększenie liczby sklepów o 50% w ciągu 5 lat w USA przy jednoczesnej ekspansji w Australii.
- Firma osiągnęła 50,54 mld dolarów przychodu w 2013 roku.
- Karl Albecht był jednym z najbogatszych Niemców. Magazyn „Forbes" szacował jego majątek na 17,2 mld euro, co dawało Karlowi 23 miejsce wśród najbogatszych ludzi na świecie w 2014 roku.

CYTATY:

„Naszym największym problemem, gdy pracujemy nad ceną produktu, jest to, jak tanio można go sprzedać".

„Zawsze wierzyłem w swoje pomysły i konsekwentnie je realizowałem. To było tak oczywiste, tak łatwe, że każdy mógłby to zrobić".

„Bardzo cenię go jako człowieka. Jego dobroć i pokora zawsze robiły na mnie wrażenie. Dla niego klient ze swoimi życzeniami i potrzebami był zawsze najważniejszy" (Heinrich Deichmann o Karlu Albrechcie).

ŹRÓDŁA I INSPIRACJE:

Dennis Hevesi, Jack Eving, *Karl Albrecht, a Founder of Aldi Stores, Dies at 94*, „New York Times", https://www.nytimes.com/2014/07/22/business/karl-albrecht-a-reclusive-founder-of-aldi-dies-at-94.html.

Andrzej Pawlak, *Drugi z „braci Aldi" nie żyje*, „Deutsche Welle", http://www.dw.com/pl/drugi-z-braci-aldi-nie-%C5%BCyje/a-17798605.

Mathias Müller von Blumencron, *Ich habe Glück gehabt*, „Frankfurter Allgemeine Zeitung", http://www.faz.net/aktuell/wirtschaft/menschen-wirtschaft/ein-besuch-bei-aldi-gruender-karl-albrecht-13057122.html.

Karl Albrecht, Kto jest kim w biznesie?, „Forbes", http://ktojestkim.forbes.pl/karl-albrecht,sylwetka,143-125,1,1.html.

Mathias Muller von Blumencorn, *Aldi-Mitgründer Karl Albrecht gestorben*, „Frankfurter Allgemeine Zeitung", http://www.faz.net/aktuell/wirtschaft/menschen-wirtschaft/aldi-mitgruender-karl-albrecht-gestorben-13056764.html.

Brigitte Koch, *Karl Albrecht Revolutionär des Einkaufens*, „Frankfurter Allgemeine Zeitung", http://www.faz.net/aktuell/wirtschaft/menschen-wirtschaft/aldi-gruender-karl-albrecht-gestorben-revolutionaer-des-einkaufens-13056922.html.

Chloe Sorvino, Karl Albrecht, *German Grocer And Reclusive Billionaire Behind Aldi Supermarkets, Dies At 94*, „Forbes", http://www.forbes.com/sites/chloesorvino/2014/07/21/richest-man-in-germany-grocery-king-dies-at-age-94.

David de Jong, *Karl Albrecht, Billionaire Co-Founder of Aldi, Dies at 94*, „Bloomberg", http://www.bloomberg.com/news/articles/2014-07-21/karl-albrecht-billionaire-co-founder-of-aldi-stores-dies-at-94.

Tony Paterson, *The story of Karl Albrecht, the man who destroyed Tesco*, „The Independent", http://www.independent.co.uk/news/people/the-story-of-karl-albrecht-the-man-who-destroyed-tesco-9621946.html.

Scott Campbell, *Karl Albrecht, Aldi's mysterious billionaire founder, dies Germany's second-richest man, who co-founded the discounter with his late brother, dies aged 94*, „The Telegraph", http://www.telegraph.co.uk/finance/newsbysector/retailandconsumer/10980389/Karl-Albrecht-Aldis-mysterious-billionaire-founder-dies.html.

Brigitte Koch, *Reaktionen auf den TodDer Lidl-Chef lobt den Aldi-Gründer*, „Frankfurter Allgemeine Zeitung", http://www.faz.net/aktuell/wirtschaft/menschen-wirtschaft/lidl-chef-klaus-gehrig-lobt-aldi-gruender-karl-albrecht-13057393.html.

※

Isak Andić

(ur. 1953)

hiszpański przedsiębiorca żydowsko-
-tureckiego pochodzenia, właściciel
marki odzieżowej Mango

Jako 17-latek przerwał studia i zajął się sprzedażą ręcznie haftowanych koszul na straganie w Barcelonie. 10 lat później otworzył swój pierwszy sklep, który dał początek jednej z największych na świecie sieci sklepów handlujących odzieżą – Mango, która obecnie posiada ponad 2700 placówek handlowych w ponad 100 krajach. W 2016 roku Andić znalazł się na czwartym miejscu na liście najbogatszych Hiszpanów z majątkiem 3,3 mld dolarów. Swój sukces zawdzięcza przede wszystkim silnemu charakterowi, który nawet w najtrudniejszych momentach nie pozwalał mu się poddać. Wierzy w możliwości człowieka poparte dyscypliną i ciężką pracą. „Jeśli ciężko pracujesz, możesz być niezwyciężony" – mawia. Jest perfekcjonistą. Każdy jego projekt jest dopracowywany w najdrobniejszych szczegółach. Swoim dzieciom, a ma ich troje, daje taką radę: „Jeśli coś robisz, rób to dobrze".

Isak Andić urodził się w żydowskiej rodzinie w Stambule, w Turcji. Gdy miał 14 lat, wraz z rodzicami i bratem Nahmanem przeprowadził się do Barcelony w Hiszpanii, gdzie rodzice poszukiwali lepszego życia. Rozpoczął nawet studia na jednej z uczelni, ale przerwał je dla handlu. Pierwsze pieniądze zarobił, sprzedając na ulicy ręcznie haftowane koszule, które sprowadzał z Turcji. Andić kupował je za 450 pesos, a sprzedawał za 900. To był zarobek nie do pogardzenia dla chłopaka, który nie mógł liczyć na pomoc finansową rodziców. Isak szybko zorientował się, że handel w branży odzieżowej jest tym, co chce robić. Uczelnia dostarczała mu tylko teoretyczną, według młodego chłopaka często nieprzydatną wiedzę, a życie stawiało przed nim codzienne, praktyczne zadania, które musiał szybko rozwiązać. Dlatego w wielu 17 lat zdecydował się na przerwanie nauki i całkowicie poświęcił się rozwijaniu firmy.

Gdy miał 18 lat, za zarobione pieniądze kupił swój pierwszy samochód, ale nie po to, by dać upust młodzieńczej fantazji, lecz by uruchomić handel obwoźny. Załadował swoje nowe auto po dach koszulami, a rodzinie i znajomym zapowiedział, że nie wróci, dopóki nie sprzeda całego towaru.

Wrócił… pustym samochodem! Czuł, że to jest właściwy moment, by ostro ruszyć do przodu. Wraz z bratem zaczął sprowadzać ręcznie haftowane płaszcze z Afganistanu, które sprzedawały się jak ciepłe bułeczki. Handlował butami, tak zwanymi drewniakami. Jak sam przyznaje, nie miał wtedy żadnej strategii rozwoju swojej firmy. „Moją jedyną strategią była walka. Walka nie tylko z konkurencją, ale też z samym sobą, aby nie schodzić z kursu" – wspomina po latach. Akademickie strategie i wykształcenie biznesowe zastąpił talentem handlowym i ciężką pracą. Pierwszy sklepik otwarty wraz z bratem na pchlim targu miał powierzchnię 16 m2 i tak dobrze prosperował, że bracia nie nadążali z uzupełnianiem towaru. Potrzebny był dodatkowy magazyn.

Ważną przyczyną sukcesu przedsięwzięcia braci Andić był ich stosunek do ludzi odwiedzających sklepik. Zawsze odnosili się do klientów z szacunkiem i życzliwością, byli pomocni i uśmiechnięci. Po prostu lubili swoją pracę. W 1984 roku bracia, wraz z poznanym rok wcześniej innym zapaleńcem handlu w branży odzieżowej Enrikiem Cusi, otworzyli w Barcelonie pierwszy sklep o nazwie Mango. Wybrali tę nazwę z dwóch powodów. Po pierwsze, lubili smak tego owocu, a po drugie, być może ważniejsze, wyraz ten pisze się tak samo we wszystkich językach świata. Już wtedy młodzi biznesmeni snuli wielkie plany światowej ekspansji marki. Postanowili więc uszyć własną, niepowtarzalną kolekcję ubrań i sprzedawać ją w swoich sklepach.

W ciągu roku otworzyli pięć placówek: cztery w Barcelonie i jedną w Walencji. Ich receptą na sukces było połączenie ciekawych wizualnie projektów z materiałami o bardzo dobrej jakości. Nie chcieli mieć nic wspólnego z tanią i sztampową produkcją dostępną w wielu innych sklepach. Całą kolejną dekadę pracowali ciężko na swój sukces w Hiszpanii. Dopiero gdy osiągnęli liczbę 100 sklepów w swoim kraju, stwierdzili, że są przygotowani do działania poza granicami.

W 1992 roku z sukcesem otworzyli swoje pierwsze sklepy w Portugalii. W kolejnych 24 latach, do 2016 roku, uruchomili w sumie 2700 sklepów w 105 krajach na pięciu kontynentach! Rozbudowując sieć sprzedaży, Andić postawił na system franczyzy, czyli sprzedaży licencji na prowadzenie salonów odzieżowych Mango zewnętrznym przedsiębiorcom. Przez lata nauczył się, w jaki sposób inspirować do działania innych. Wiedział, że o wiele bardziej motywujące dla ludzi jest rozwijanie swojego biznesu, a tak należy rozumieć franczyzę, niż praca najemna w salonach firmy. Sieć szybko rozrastała się, miedzy innymi dzięki wsparciu ze strony centrali w Hiszpanii.

Andić słuchał uwag franczyzobiorców i po konsultacjach z nimi stworzył innowacyjny system dostaw towaru do sklepów Mango. Pozwalał on firmie szybko i sprawnie zaopatrywać sklepy znajdujące się w najdalszych zakątkach świata. Isac chętnie uczył się nowych rzeczy i starał się je wykorzystywać w biznesie. Gdy tylko pojawiła się możliwość sprzedaży przez Internet, zainwestował w rozwój tego kanału. Wiedział, że handel w sieci to przyszłość, a on zawsze planował swoje działania kilka kroków naprzód. Nie bał się przy tym zaryzykować i popełniać błędy. „Ryzyko wliczone jest w prowadzenie biznesu, a błędy są naturalną drogą do sukcesu. Gdyby nie błędy, nie byłoby mnie tutaj, gdzie jestem" – mówi Andić. Nie wyobraża sobie prowadzenia biznesu bez pozytywnego nastawienia. Dla niego to kluczowa cecha ludzi sukcesu. „Dzięki optymizmowi wszystko idzie znacznie łatwiej" – stwierdza z charakterystyczną dla siebie prostolinijnością. Prywatnie Isak Andić jest człowiekiem bardzo skromnym. Zawsze unikał kontaktów z prasą. Być może trudno to sobie wyobrazić, lecz do 2006 roku nie było w mediach żadnych oficjalnych fotografii hiszpańskiego biznesmena! Andić obecnie żyje samotnie. Po dwudziestu latach małżeństwa rozwiódł się z Neus Raig Tarrago. Para pobrała się bardzo młodo. Oboje mieli zaledwie po 20 lat. Owocem ich związku jest troje dzieci. Dwoje starszych: Jonathan i Judith, pracuje już w rodzinnej firmie. Jonathan jest wiceprezesem, a Judith nadzoruje dział projektantów. Najmłodsza, nastoletnia jeszcze Sara studiuje. Decyzję o rozstaniu Isak i Neus podjęli wspólnie. Isak nie związał się od tamtej pory na dłużej z żadną kobietą.

Andić ma dwie pasje: żeglarstwo i narty. Jest właścicielem wspaniałego ponad 50-metrowego jachtu o nazwie „Nirvana". Na narty do kurortu Baquiera-Beret lata prywatnym odrzutowcem. Jednak bogactwo go nie zmieniło. Pamięta bowiem drogę, jaką przeszedł: od sprzedawcy koszul na straganie w Barcelonie do właściciela jednej z największych na świecie sieci sklepów odzieżowych.

KALENDARIUM:

1953 – narodziny Andicia w Stambule, w Turcji
1967 – przyjazd rodziny Andiciów do Barcelony w Hiszpanii
1970 – Isak rezygnuje ze studiów i rozpoczyna przygodę z handlem, sprzedając ręcznie haftowane koszule na pchlim targu w Barcelonie
1973 – otwiera swój pierwszy sklep, gdzie oprócz koszul, sprzedaje ręcznie haftowane płaszcze sprowadzane z Afganistanu, a także obuwie
ok. 1980 – ślub z Neus Raig Tarragó, z którą obecnie ma troje dzieci: Jonathana, Judith i Sarę
1982 – narodziny pierwszego syna – Jonathana
1984 – w Barcelonie na Paseo de Gracia powstaje pierwszy sklep o nazwie Mango; Andić otwiera go wraz z bratem Nahmanem oraz kolegą Enrikiem Cusi
1985 – narodziny córki – Judith
1985 – otwarcie pierwszego sklepu w Walencji

1988 – wprowadzenie innowacyjnego systemu szybkiej dystrybucji Just In Time
1992 – Mango ma 100 sklepów w Hiszpanii i otwiera pierwsze placówki w Portugalii
1995 – rusza strona internetowa mango.com
1997 – po raz pierwszy dochody z sklepów Mango za granicą były wyższe od krajowych
1998 – na świat przychodzi najmłodsza córka Andicia – Sarah
ok. 2000 – Andić i Neus Raig Tarrago rozwodzą się
2002 – Mango ma 630 sklepów w 80 krajach i wchodzi m.in. na rynki australijski i chiński
2006 – rusza organizowany co roku konkurs dla młodych projektantów Mango Fashion Awards
2007 – otwarcie El Hangar Design Center, największego w Europie centrum projektowania odzieży
2013 – Jonathan Andić zostaje wiceprezesem spółki Mango, a jego siostra Judith szefową działu projektów
2016 – Mango ma ponad 2700 sklepów w 100 krajach na pięciu kontynentach

CIEKAWOSTKI:

- Andić nie boi się podejmowania trudnych lub ryzykownych decyzji. W 2007 roku Andić otworzył pod Barceloną największe w Europie centrum projektowania odzieży – El Hangar Design Center. Na 14 tys. m2 pracuje tam 600 projektantów. Jak sam przyznaje, przed podjęciem decyzji o tej wielomilionowej inwestycji miał wiele nieprzespanych nocy. Postanowił jednak zaryzykować. Mimo zawirowań w gospodarce światowej spowodowanej kryzysem 2008 roku pomysł okazał się sukcesem. Kolejnym w jego życiu.
- Andić traktuje modę nie tylko jak biznes, lecz przede wszystkim jako sztukę. Pieniądze są ważne, ale nie najważniejsze. Poszukuje, a później pomaga rozwijać się młodym talentom projektowania. Co roku najlepsi projektanci z całej Europy otrzymują nagrody Fashion Mango Awards. Przyznaje je jury składające się z największych sław świata mody. Laureaci otrzymują propozycję pracy w dziale projek-

tów Mango! W ten innowacyjny sposób Andić przyciąga do siebie najzdolniejszych projektantów młodego pokolenia.

CYTATY:

„Jeśli o czymś mocno marzysz, masz ogromne szanse na realizację".

„Gdy ciężko pracujesz, możesz być niezwyciężony".

ŹRÓDŁA ORAZ INSPIRACJE:

Profil Andicia na internetowej stronie magazynu „Forbes": http://www.forbes.com/profile/isak--andic.
Kim jest Jonathan Andić, spadkobierca Mango, „Mujerjoy", http://www.mujerhoy.com/corazon/paparazzi/jonathan-andik-heredero-mango-70870-2012013.html.

Internetowa biografia Isaka Andicia: http://www.biografiasyvidas.com/biografia/a/andic.htm.
Sylwetka Isaka Andicia na portalu internetowym Lua Nueva Espana: http://www.lne.es/siglo-xxi/2009/09/15/isak-andic-telar-banca/807743.html.
Oficjalna strona firmy Mango: http://shop.mango.com/iframe.faces?state=she_060_PL.

Mary Kay Ash

(1918-2001)

amerykańska bizneswoman,
założycielka marki kosmetycznej
Mary Kay Cosmetics

Dla wielu kobiet na całym świecie kosmetyki firmy Mary Kay Cosmetics są synonimem świetnej jakości produktów do pielęgnacji i makijażu. Jednak nie każda z klientek tej firmy ma świadomość, że jej założycielka Mary Kay Ash uczyniła wiele nie tylko dla urody kobiet. Przede wszystkim udowodniła własnym przykładem, że kobieta w kwiecie wieku, wychowująca dzieci może jeszcze wiele się nauczyć, realizować zawodowo i podążać za marzeniami.

Historia życia Mary Kay Ash pokazuje, że sukces nie jest dziełem przypadku i na wszystko trzeba sobie zapracować. Założycielka znanej firmy kosmetycznej urodziła się 12 maja 1918 roku w Hot Wells w Teksasie jako najmłodsza z czwórki rodzeństwa. Jej matka Lula Wagner, chociaż z wykształcenia była pielęgniarką, większość życia pracowała w restauracji w Huston. To właśnie ona była dla Mary pierwszym autorytetem, gdyż od najmłodszych lat uczyła ją, że kobieta musi poradzić sobie w życiu bez względu na okoliczności. Sama była najlepszym przykładem, że jeśli człowiek chce, to może posiąść każdą umiejętność, której potrzebuje. To od niej Mary codziennie słyszała magiczne słowa: „You can do it" (Dasz sobie radę). Mary Kay Ash przez całe życie przekonywała się, że to zdanie nie jest zwykłym frazesem, a szczerą prawdą.

Gdy Mary Kay miała zaledwie kilka lat, jej ojciec zachorował na ciężką infekcję płuc. Matka przez całe dnie pracowała na utrzymanie rodziny, dlatego dziewczynka, zamiast bawić się z rówieśnikami, wzięła na siebie obowiązki związane ze sprzątaniem, gotowaniem i opieką nad chorym rodzicem. Szybko się tego nauczyła.

Jak można sobie łatwo wyobrazić, zaspokojenie potrzeb sześciu osób z jednej pensji nie było wcale łatwym zadaniem, więc Wagnerowie żyli bardzo skromnie. Mimo to Mary chodziła do szkoły. Po ukończeniu w 1934 roku Reagan High School w Huston Mary Kay rozpoczęła studia na tamtejszym uniwersytecie. Chociaż była ambitną i pilną studentką dającą się zauważyć szczególnie podczas debat i dyskusji, nie stać jej było na kontynuowanie nauki. Porzuciła więc studia i już rok później jako zaledwie siedemnastoletnia dziewczyna wyszła za mąż.

Chociaż związkowi z Benem Rogersem Mary zawdzięcza wspaniałe dzieci, nie było to udane małżeństwo. Dlatego też, gdy 1945 roku Ben powrócił z frontu II wojny światowej, razem postanowili żyć w separacji, a krótko potem rozwiedli się. Mary, już podczas wojennej nieobecności męża, tak samo jak wcześniej jej matka, musiała sama „dać sobie radę" i zacząć zarabiać. W czasach, gdy niewiele kobiet decydowało się na pracę poza domem, Mary Kay Ash była wyjątkiem. Zajmowała się sprzedażą bezpośrednią, rozprowadzając po domach książki i akcesoria dedykowane gospodyniom domowym. Była energiczna, szybko się uczyła tajników nowego zawodu. Dzięki temu, że miała wrodzoną łatwość nawiązywania kontaktów z ludźmi, prezentacje produktów, które organizowała w prywatnych domach, cieszyły się wielką popularnością. Mary lubiła swoją pracę i była w niej coraz lepsza, dlatego w 1952 roku przeszła do firmy World Gift Company, gdzie zaoferowano jej lepsze warunki.

Obok wielu zalet – niezwykłej ambicji, oddaniu pracy i świetnych wyników sprzedaży – Mary miała też wadę: była kobietą, więc traktowano ją jak pracownika mniej wartościowego i pomijano przy premiach i awansach. W tamtym czasie w społeczeństwie (pomimo powoli budzącego się feminizmu) istniało ciche przyzwolenie na gorsze traktowanie kobiet. Mimo że kobiety miały już prawa wyborcze, gdy porównało się ich zarobki z zarobkami mężczyzn, stawało się jasne, że wciąż są obywatelkami drugiej kategorii. Mary Kay nie chciała zgodzić się na taki stan rzeczy. Kiedy kolejny mężczyzna, którego osobiście wyszkoliła, przekazując mu wszystko to, czego sama nauczyła się wcześniej, dostał awans szybciej niż ona, sfrustrowana postanowiła zwolnić się z pracy.

Wierząc w swoją determinację i kreatywność, po raz kolejny chciała udowodnić wszystkim, że „da sobie radę". Wiedziała, że to możliwe, bo zdobyła już potrzebne doświadczenie, a jeśli trzeba będzie nauczyć się czegoś nowego, zrobi to jak wiele razy wcześniej. Po odejściu z World Gift Company postanowiła napisać książkę – poradnik dla kobiet chcących stawiać swoje pierwsze kroki w biznesie. Nawet zaczęła to robić. Siedząc przy stole kuchennym, sporządziła dwie listy: na pierwszej wypisała to, co jej dotychczasowi pracodawcy robili dobrze, a na drugiej to, co można było zrobić lepiej. Jednak na bazie tych notatek zamiast książki powstał biznesplan jej firmy marzeń. Latem 1963 roku Mary Kay wraz z drugim mężem Georgem A. Hallenbeckiem postanowiła otworzyć firmę Mary Kay Cosmetic.

Niestety, mylą się ci, którzy sądzą, że od tej pory wszystko szło gładko. Miesiąc przed zaplanowanym początkiem działalności George zmarł na atak serca. Mary Kay pogrążona w żałobie po mężu znowu została sama. Dzięki ogromnemu samozaparciu, pasji, chęci poznawania nowych obszarów wiedzy oraz pomocy synów 13 września 1963 roku otworzyła pierwszy niewielki sklep w Dallas. Wkład początkowy wniesiony przez starszego syna wynosił 5000 dolarów i wystarczył na wyprodukowanie linii dziewięciu kosmetyków (dumnie prezentowanych na najtańszym modelu półki zakupionym w dyskoncie) i zatrudnienie dziewięciu sprzedawczyń-konsultantek. Obserwując tak skromne początki, trudno uwierzyć, że dzisiaj firma Mary Kay Cosmetics zatrudnia ponad 2,5 miliona kobiet na całym świecie. I tym razem słowa matki okazały się prorocze – Mary Kay Ash „dała sobie radę".

Firma Mary Kay Cosmetics od samego początku cieszyła się dużym szacunkiem i zaufaniem klientek, a wszystko to dzięki „złotej zasadzie" stworzonej przez założycielkę: „Traktuj innych tak, jak sam chciałbyś być traktowany". Mary Ash konsekwentnie wcielała ją w życie. Produkty, które sprzedawała, były znakomitej jakości, a podjęte przez nią działania doprowadziły do zdobycia rzeszy zadowolonych klientek oraz wielu zmotywowanych, dobrze wynagradzanych konsultantek.

Dlaczego Mary Kay Ash oparła swoją firmę na konsultantkach, a nie konsultantach? Było kilka powodów. Po pierwsze, zdawała sobie sprawę, że kobieta jako sprzedawca kosmetyków będzie znacznie bardziej wiarygodna niż mężczyzna. Po drugie, zobaczyła duży potencjał w kobietach, które w tamtym czasie w Stanach Zjednoczonych po wyjściu za mąż rezygnowały ze swoich aspiracji i ograniczały się do roli gospodyni domowej. Po trzecie, wiedziała z obserwacji i własnego doświadczenia, że kobiety powinny być samodzielne i niezależne, by mogły – podobnie jak ona – dać sobie radę w najtrudniejszej nawet sytuacji. Jej marzeniem było pomóc im to osiągnąć. Ogłosiła, że poszukuje energicznych i pełnych pomysłów kobiet na stanowiska konsultantek. Wkrótce zgłosiło się mnóstwo kandydatek gotowych sprawdzić swoje możliwości. Mary Kay Ash pokazała im drogę do samodzielności poprzez zdobywanie nowych umiejętności, stawianie sobie celów i uparte dążenie do ich realizacji. Te, które podążyły wskazaną drogą, osiągnęły sukces, a potem szkoliły następne, i następne.

Mary Kay Ash, kierując się „złotą zasadą", doceniała swoje pracownice. Polityka motywacyjna jej firmy zawsze stała na najwyższym poziomie i była spełnieniem marzeń niejednego zatrudnionego. Najlepsze konsultantki w nagrodę za wyniki sprzedaży mogły liczyć na wakacje w pięciogwiazdkowych kurortach, diamentową biżuterię, a nawet różowe cadillaki, które bardzo szybko stały się znakiem rozpoznawczym firmy. Pierwszym jeździła oczywiście sama Mary Kay, która namówiła dealera tej marki, by przemalował go na różowo. Miał pasować do palety kosmetyków używanych przez nią do makijażu. W 1969 roku takimi samymi pojazdami nagrodziła pierwszych pięć niezależnych dyrektorek sprzedaży.

Osiągnięcia Mary Kay Ash szybko zostały zauważone w całych Stanach Zjednoczonych. Została uhonorowana wieloma prestiżowymi nagrodami. Między innymi w 1983 roku znalazła się na liście stu najważniejszych kobiet w Ameryce, a w 2000 roku została uznana za najwybitniejszą kobietę w biznesie XX wieku. Jednak sukces zawodowy stawiała dopiero na trzecim miejscu. Za najważniejsze wartości w życiu uważała wiarę i rodzinę.

W 1987 roku Mary postanowiła przejść na emeryturę i poświęcić się działalności charytatywnej. Fundacja Mary Kay od 1996 roku zajmuje się finansowaniem diagnostyki nowotworów kobiecych oraz otacza opieką ofiary przemocy domowej.

Mary Kay Ash zmarła 22 października 2001 roku. Została pochowana w Dallas, w mieście, z którym była związana przez całe życie. Wiele konsultantek, które miały szczęście u niej pracować, pisało w internetowych komentarzach, że dała im znacznie więcej niż pracę: wiarę we własne siły, pewność siebie i odwagę realizacji własnego pomysłu na życie. Często ta kobieta, która do swojej pozycji w znacznej mierze doszła dzięki chęci ciągłego rozwoju, nazywana jest mentorką w biznesie, co definitywnie potwierdza prawdziwość słów wypowiadanych przez jej matkę Lulę Wagner. Mary Kay Ash „dała sobie radę".

KALENDARIUM:

12 maja 1918 – narodziny Mary Kay Ash
1934 – ukończenie Reagan High School
1935 – ślub z Benem Rogersem
1946 – rozwód z Benem Rogersem
1952– rozpoczęcie pracy w World Gifts Company
czerwiec 1963 – ślub z Georgem Hallenbeckiem
13 września 1963 – otwarcie pierwszego sklepu z kosmetykami w Dallas
1966 – ślub z Melem Ashem
1971 – otwarcie pierwszej filii zagranicznej w Australii

1976 – wejście Mary Kay Cosmetics na giełdę nowojorską
1980 – nagroda Golden Plate od American Academy of Achievement dla Mary Kay Ash
1981 – ukazuje się autobiografia Mary Kay Ash
1983 – Mary Kay Ash zostaje wymieniona w zestawieniu „100 najważniejszych kobiet w Ameryce"
1984 – ukazuje się bestseler *Mary Kay on People Menagment*
1987 – przejście na emeryturę
1996 – powstaje fundacja charytatywna Mary Kay
2000 – tytuł „najwybitniejszej kobiety w biznesie XX wieku" od Lifetime TV dla Mary Kay Ash
22 października 2001 – śmierć Mary Kay Ash
2004 – pośmiertna Nagroda Róży za Dobroczynność od Pałacu Kensington w Londynie
2007 – produkty Mary Kay sprzedawane są w ponad 35 krajach świata
2012 – przekroczenie liczby miliona fanów na Facebooku w Stanach Zjednoczonych przez firmę Mary Kay Cosmetics

CIEKAWOSTKI:

- Mary Kay Ash jest autorką trzech książek, w tym autobiografii o tytule *Mary Kay*. Wszystkie jej książki były bestsellerami.
- Do 1994 roku firma Mary Kay Ash sprezentowała swoim pracownicom 7000 różowych samochodów wartych ponad 100 milionów dolarów.
- Książka Mary Kay Ash *Mary Kay on People Magament* została włączona do spisu lektur na kursie biznesowym w Harvard Business School.
- Firma Mary Kay Cosmetics jest uznawana za jedno z dziesięciu najlepszych miejsc pracy dla kobiet.

CYTATY:

„Krytykuj czyny, nie osoby".

„Energia lidera jest energią drużyny".

„Każdy chce być docenianym, więc jeśli kogoś doceniasz– nie trzymaj tego w sekrecie".

„Nie ograniczaj się. Wielu ludzi ogranicza się do tego, co wydaje im się, że mogą zrobić. Nie wiedzą, że mogą zajść tak daleko, jak daleko pozwala im na to wyobraźnia. Pamiętaj, jeśli w coś wierzysz– możesz to osiągnąć".

ŹRÓDŁA I INSPIRACJE:

Mary Kay Ash, *Mary Kay*, 1981.
Mary Kay Ash Biography Cosmetics, https://www.youtube.com/watch?v=_I6TsbSaDY0.
http://www.marykaymuseum.com/images/museum/thestoryofmarykay.pdf.
http://www.marykay.pl/pl-PL/about-mary-kay/companyfounder/Strony/about-mary-kay-ash.aspx.
http://www.researchgate.net/publication/46542854_Mary_Kay_Ash_the_greatest_female_entrepreneur_in_American_history_and_business_ethics.

http://www.encyclopedia.com/topic/Mary_Kay_Ash.aspx.

http://www.thefamouspeople.com/profiles/mary-kay-ash-251.php.

http://www.notablebiographies.com/An-Ba/Ash-Mary-Kay.html.

Albert-René Biotteau

(1898-1985)

założyciel marki obuwniczej
i sieci sklepów Eram

Co może zrobić trzynastoletni chłopiec, którego i dziadek, i ojciec, i wuj zajmowali się wytwarzaniem butów? Po prostu zostać uczniem szewca. Być może Albert-René Biotteau nie miał wyboru, a może wybór był podyktowany okolicznościami życiowymi... W każdym razie, gdy skończył trzynaście lat, zaczął praktykować w zakładzie szewskim.

Warsztat rzemieślniczy rodziny Biotteau w 1840 roku w miejscowości Saint-Pierre-Montlimart w departamencie Maine-et-Loire założył dziadek chłopca. Od tej pory prowadzenie rodzinnego interesu przechodziło z pokolenia na pokolenie. W pracy pomagała cała rodzina.

Aktywne uczestniczenie w sprawnym funkcjonowaniu firmy oraz obserwowanie, ile obowiązków wiąże się z jej utrzymaniem, nauczyły chłopca odpowiedzialności nie tylko za siebie. Od pracy każdego zatrudnionego w warsztacie w mniejszym lub większym stopniu zależało powodzenie rodzinnego biznesu i zadowolenie interesantów. Odpowiedni pracownik był wart każdych pieniędzy, ale żeby stać się takim pracownikiem, należało nauczyć się trudnej profesji, mieć zdolności manualne oraz zadbać o rozwój takich cech, jak dokładność, precyzja i rzetelność. Pożądanym w szewskim fachu atutem była też komunikatywność ułatwiająca kontakty z potencjalnymi klientami. Właśnie tak ukierunkowaną możliwość rozwoju otrzymał od losu Albert-René Biotteau, zaś dorastanie w atmosferze rodzinnej życzliwości i szacunku dla pracy pomogło mu wcześnie zdecydować o wyborze drogi zawodowej.

Spostrzegawczy chłopiec szybko zauważył, że wyprodukowanie dobrej pary butów nie należy do łatwych prac. Już we wczesnym dzieciństwie interesował się tym, czym na co dzień zajmowali się spokrewnieni z nim mężczyźni. Obserwując jak w rękach dziadka, a potem ojca, powstaje but, poznawał podstawowe techniki wytwarzania tego niezbędnego i pożądanego przez każdego człowieka elementu garderoby. Mimo że warsztat szewski należał do rodziny, Albert-René nie miał taryfy ulgowej. Wręcz przeciwnie, chłopiec był na każde zawołanie opiekunów, więc niejednokrotnie buntował się, że bezpowrotnie tracił chwile dziecięcych zabaw. W rodzinnym warsztacie od podstaw uczył się tajników trudnego fachu. Zaczynał od porządkowania warsztatu, czyszczenia i konserwacji narzędzi, dobierania odpowiednich materiałów, pomocy przy wykańczaniu buta, czyli mocowania sprzączek, spodów, zapięć i ozdób. Potem przyszła kolej na zdejmowanie miary, odrysowywanie wzoru, wykonywanie modełka, czyli kopyta, pod czujnym okiem ojca lub dziadka, a w końcu wykrawanie odpowiednich elementów i łączenie ich w całość. Albert-René stawiał pierwsze kroki w branży obuwniczej, ale gdyby nie pracowitość, uważność, przywiązywanie wagi do jakości wykonania i zmysł obserwacji, który zaczął wówczas rozwijać, te kroki mogłyby być równie dobrze ostatnimi. Jednak nie w przypadku pełnego zapału i determinacji chłopca, który po prostu polubił robienie butów i postanowił, że w przyszłości w jego butach będzie chodzić cała Francja.

Z czasem, gdy Albert-René nabrał już sporego doświadczenia w trudnym rzemiośle, nadeszła pora na przyjmowanie zamówień od klientów i wycenianie produktu. Dzięki obeznaniu w szewskim fachu, ale także sympatycznemu sposobowi bycia oraz popartej dobrym gustem pomysłowości chłopiec zyskiwał przychylność wymagających klientów, którym potrafił umiejętnie i rzeczowo doradzić, jaki fason buta będzie najbardziej odpowiedni, jaki gatunek skóry i wykończenie do niego dobrać. Praca w niewielkim zakładzie dała Albertowi-René możliwość bliskiego kontaktu z ludźmi. Dzięki takiej praktyce Biotteau rozwinął dar obserwacji i nauczył się celnie określać odmienne potrzeby dzieci, kobiet i mężczyzn. W przyszłości wyciąganie trafnych wniosków biznesowych, między innymi oferowanie różnorodnego asortymentu i dostosowywanie go do zmieniających się gustów klientów różnej płci i wieku stanie się jednym z większych atutów marki obuwia stworzonej przez Alberta--René Biotteau.

Doświadczenie zawodowe zdobyte w młodości umocniło u Biotteau szczególnie przydatne w rzemiośle szewskim cechy i umiejętności: cierpliwość, dokładność, precyzja i nacisk na dobór właściwych materiałów miały wpływ na jakość wykonywanych butów. Zarówno jego mistrzowie w zawodzie, czyli dziadek i ojciec, jak i on sam przywiązywali do tego dużą wagę. Obuwie nie było tanie, więc klienci wymagali, aby cena gwarantowała trwałość i wygodę. Młody Albert--René zauważył, że nazwisko Biotteau kojarzy się z dobrą jakością produkowanego asortymentu, a to gwarantuje powrót zadowolonych klientów do zakładu ojca. Ważnymi zaletami, które rozwinął u siebie młody adept rzemiosła szewskiego, były też dyscyplina i właściwa organizacja pracy ułatwiające realizowanie kolejnych zamówień w wymaganym czasie, by nie zawieść zbyt długim oczekiwaniem zaufania nabywców.

Mimo popularności zakładu szewskiego rodziny Biotteau Albert-René nie chciał zbyt długo pracować pod czyjeś dyktando. Zależało na tym, by jak najszybciej się usamodzielnić i wprowadzić do wykonywanej profesji własne, innowacyjne pomysły, które nie zawsze spotykały się z aprobatą przyzwyczajonych do tradycyjnej produkcji rodzinnych mistrzów zawodu. Posiadał niewielki kapitał finansowy, ale był niezwykle ambitny, a w 1920 roku, mimo młodego wieku, miał spore doświadczenie. Szlifowane od dziecka w rodzinnym warsztacie umiejętności naprawy, produkcji i sprzedaży butów oraz szeroka wiedza praktyczna utwierdziły go w przekonaniu, że sprosta wymaganiom rynku, dlatego podjął decyzję, by rozpocząć działalność na własną rękę. Dwa lata później poślubił Marie-Josephe Guery, która stała się dla niego wsparciem w realizacji marzeń o własnej fabryce butów.

W 1927 roku Albert-René Biotteau rozpoczął realizację swoich planów i otworzył własny zakład szewski. Początkowo zdecydował się na masową produkcję sandałów. Doświadczenie podpowiadało mu, że praca nad tym rodzajem butów nie jest tak czasochłonna, a przystępna cena zapewni odbiorców. Gdy zaczynał, pomagała mu żona i jeden pracownik. Zmysł przedsiębiorczości rozwijany od najmłodszych lat i perfekcyjne opanowanie rzemiosła pomogły mu w niedługim czasie poszerzyć działalność. W 1930 roku w Saint-Pierre-Montlimart, w pobliżu miejsca, gdzie jego dziadek prowadził sklep obuwniczy, Albert-René otworzył swoją pierwszą fabrykę butów. Pamiętał o tym, że klienci dużą wagę przywiązują do jakości produktu, postanowił jednak połączyć ją z niewygórowanymi cenami. Dzięki temu w niedługim czasie zakłady Biotteau-Guery stały się znane na lokalnym rynku obuwniczym. Ich właściciel umiał trafnie określać potrzeby klientów, dlatego wkrótce już nie jedna, a pięć fabryk Biotteau produkowało 600 par butów dziennie, skutecznie dystansując konkurencję. W połowie 1932 roku produkcja wynosiła już 2400 par butów dziennie wytwarzanych przez dwustu pracowników zatrudnianych przez Alberta-René Biotteau. Zakłady wkrótce zmieniły nazwę na Eram.

Brak lęku przed ryzykiem, umiejętności organizacyjne, wychodzenie naprzeciw oczekiwaniom odbiorców, stawianie na innowacyjność oraz dbałość o trwałość i wygodę oferowanych produktów spowodowały, że po pięciu latach Albert-René posiadał trzy kolejne zakłady produkcyjne w Saint-Pierre-Montlimart oraz dwa w Chalonnes-sur-Loire. Już w warsztacie ojca Biotteau nauczył się tego, że warto kierować się troską o klienta, ale niezwykle ważny był dla niego także rozwój technologiczny firmy. W tym wypadku Albert-René nie opierał się wyłącznie na własnej wiedzy. Był pewien, że warto korzystać z doświadczeń innych, dlatego inspirował się działaniami podejmowanymi przez uznanych producentów butów, głównie Czecha Tomasza Batę i jego Bata Shoe. Postanowił jednak wiedzieć jeszcze więcej i poznać wszystkie tajniki branży obuwniczej. W 1937 roku wysłał swojego syna Gerarda do Stanów Zjednoczonych i Kanady, by przywiózł stamtąd wiedzę o najnowszych tendencjach w rozwoju przemysłu obuwniczego. Podróż zaowocowała nowymi pomysłami, które Albert-René przekształcił w konkretne działania. Między innymi wdrożył do rodzimej produkcji podpatrzoną za granicą racjonalizację sprzedaży oraz zainwestował w nowoczesne maszyny przyspieszające produkcję i obniżające jej koszty.

Biotteau wiele o branży obuwniczej nauczył się w dzieciństwie i młodości, gdy pracując w rodzinnym warsztacie, mógł czerpać z doświadczeń ojca i dziadka. Nauka nie dotyczyła jedynie umiejętności rzemieślniczych i relacji z klientami. Już wtedy zauważył, że siła sukcesu tkwi w pracy całego zespołu. Tym zespołem była wówczas wspierająca się rodzina. Na jej niezawodności i współpracy postanowił oprzeć rozwój firmy Eram. Otwarte dzielenie się odczuciami, przemyśleniami i poglądami dotyczącymi problemów firmy niejednokrotnie pomagało stawiać kolejny trafny krok w rozwoju. Dotychczas takie wsparcie dawała mu żona, a teraz dodatkowym oparciem stał się najstarszy syn, którego Biotteau zaczął wdrażać w tajniki branży obuwniczej.

Niestety, prężny rozwój rodzinnej firmy zahamowała II wojna światowa, która pokrzyżowała plany Alberta-René Biotteau – ojca i Gerarda Biotteau – syna. Jednak, paradoksalnie, kłopoty finansowe i niepewna sytuacja gospodarcza zaowocowały kolejnymi decyzjami. Najpierw Albert-René wpadł na pomysł, by do produkcji podeszew wykorzystywać zużyte opony, a gdy to nie pomogło w kłopotach firmy, po uzgodnieniu decyzji z rodziną sprzedał cały zapas skór i dzięki temu uzyskał 5 mln franków. Za te pieniądze w 1942 roku mógł otworzyć pierwszy sklep detaliczny. Był to bardzo dobry ruch strategiczny, który stał się prawdopodobnie filarem umacniającym sukces firmy. Ten krok był efektem wielu przemyśleń, wahań i konsultacji, ale pozwolił na to, by Albert-René mógł na bieżąco śledzić zapotrzebowanie na buty marki Eram, analizować potrzeby rynku i zmieniające się gusta oraz uwzględniać życzenia klientów. Czas pokazał, że to była trafna decyzja, lecz nie obyło się bez kłopotów. W 1948 roku Międzynarodowa Federacja Detalistów Obuwia wezwała do bojkotu firmy Eram, rzekomo działającej na szkodę sklepów detalicznych. Albert-René został wówczas ze 100 000 par butów, których sklepy detaliczne nie chciały sprzedawać. Taka sytuacja mogła doprowadzić nawet do bankructwa firmy. Wówczas Biotteau wpadł na pomysł atrakcyjnych zniżek, dzięki temu zyskał dużą sympatię klientów i zwiększył popularność marki.

Skutkiem tego przykrego incydentu w historii firmy stała się decyzja o przyspieszeniu rozwoju sieci sklepów detalicznych Eram, dzięki czemu marka uniezależniła się od pośredników. Pierwszy sklep nazwany marką firmy otwarto w Levallois-Perret, niedaleko Paryża. W regionie paryskim w niedługim czasie powstawały kolejne sklepy, a ich sieć rozszerzała się stopniowo na całą Francję. Pod koniec II wojny światowej sklepów Eram było już dwanaście. Jednak produkcja stanowiła zaledwie 30% tego, co przed wojną. Albert-René kierowany doświadczeniem wiedział, że należy zrobić coś, co skieruje wzrok potencjalnych odbiorców na buty produkowane właśnie przez jego fabryki. Trudne warunki życia w czasie wojny i krótko po niej nauczyły ludzi oszczędności, dlatego przykładano szczególną wagę do trwałości kupowanych towarów, zwłaszcza takich jak buty. Na tej cesze obuwia postanowił skupić się właściciel jednej z najbardziej znanych już wówczas fabryk butów we Francji. Ponadto Albert-René coraz większą siłę rozwojową handlu zaczął dostrzegać w reklamie. Postanowił połączyć swoje spostrzeżenia, by zwrócić uwagę klientów na buty Eram. Powszechnie wiadomo, że najszybciej w butach niszczą się podeszwy, które przecież powinny wytrzymać wiele dni spacerów, dlatego Albert-René wpadł na pomysł, by trwałość produktów marki Eram udowodnić właśnie za ich pomocą. Teraz pomysł należało przekształcić w działanie. Żeby przekonać o wytrzymałości podeszew, producent wymyślił testowanie butów na oczach potencjalnych użytkowników. Podeszwę połączono z obu stron łańcuszkiem z dwoma samochodami, które miały ją rozciągać. Skutek był taki, że podeszwa, owszem, rozciągnęła się, ale nie pękła. Wydarzenie rozniosło się echem i przysporzyło marce Eram licznych zwolenników, sprzedaż wzrosła, a właściciel marki po raz kolejny otrzymał potwierdzenie, że nowatorskie rozwiązania są skuteczne. Postanowił nie zapomnieć o tym, jak ważną rolę w handlu pełni reklama produktu.

Pełny rozkwit firmy Eram przypadł na lata 50. XX wieku. Duży wkład w rozwój miała właśnie reklama. Albert-René Biotteau śledził zmiany zachodzące w produkcji obuwniczej w kraju. Rozwinięty zmysł obserwacji i myślenie analityczne doprowadziły go do kolejnych trafnych wniosków. Biotteau potwierdził swoje wcześniejsze obserwacje i utwierdził się w przekonaniu, że jeśli reklama zostanie odpowiednio użyta, może być niezwykle pomocnym narzędziem w tworzeniu popularności marki. Niezwłocznie postanowił sprawdzić te wnioski w praktyce i stał się jednym z pionierów branży przemysłowej w tak dużym stopniu wykorzystujących reklamę. Dlatego już od 1979 roku każdy Francuz wie, że: „Byłoby szaleństwem wydawać więcej!". Hasło promujące markę autorstwa Phillipe'a Michela na długie lata stało się znakiem rozpoznawczym jakości i ceny butów Eram, podobnie jak następne: „My wybieramy Eram", które Albert-René wykorzystał w nowym medium – telewizji. Do tej pory Eram nieprzerwanie nadąża za zmianami sytuacji gospodarczej i upodobań klientów, którzy mają coraz większy wybór i są coraz bardziej wybredni. Założyciel marki nigdy nie bał się nowości. Widział w nich po prostu nowe możliwości dla rozwoju firmy.

Albert-René Biotteau był niezwykle uważny. Nie zaniedbywał żadnego działu swojej firmy. Umiał dzielić czas między produkcję, sprzedaż detaliczną, popularyzowanie marki, zgłębianie zasad przedsiębiorczości i rozwijanie własnej wiedzy i przydatnych w tym zawodzie umiejętności. Dostrzegał też, że poważnym atutem jest wsparcie najbliższych – najpierw dziadka i ojca, potem synów – i uczył się z tego wsparcia korzystać. Umieć korzystać z umiejętności, cech osobowościowych, zdolności i doświadczeń zaufanych osób to cenna zdolność. Młodzieńczy zapał i entuzjazm, które z upływem lat nie zmalały, a tylko wzmocniły się dzięki z trudem zdobywanym doświadczeniom, przyniosły niezwykłe rezultaty. Dzięki takim atutom osobowości, nieustannie pogłębianej wiedzy i rozwijanym umiejętnościom Albert-René Biotteau sprawił, że w jego butach chodzi dzisiaj cała Francja.

KALENDARIUM:

24 marca 1898 – narodziny Alberta-René Biotteau w Angers, we Francji
1911 – Albert-René zostaje uczniem szewskim
1922 – ślub z Marie-Josephe Guery
1927 – powstanie firmy produkującej obuwie – zakłady Biotteau-Guery w Saint-Pierre-Montlimart
1932 – zmiana nazwy marki obuwia na Eram. Nazwa powstała przez połączenie pierwszych

sylab imion René i jego żony Marie, i utworzenie z tego połączenia anagramu
1942 – firma stawia pierwsze kroki w dystrybucji i powstaje pierwszy butik w Paryżu
1954 – firma opatentowuje plastikową podeszwę, uruchamia i wkrótce rozwija produkcję podeszwy o nazwie Plastifor dla odbiorców krajowych i zagranicznych
1955 – Eram pomnaża lokalizację fabryk równolegle do działań produkcyjnych i dystrybucyjnych
1969 – Gérard Biotteau, syn założyciela, wprowadza formułę franczyzy dla sprzedawców; sklepy Eram powstają w Europie Północnej i Portugalii
1971 – Gérard Biotteau zostaje prezesem grupy, a marka Eram staje się liderem francuskiej branży obuwniczej
1979 – Eram inwestuje w reklamę, dzięki której wzrasta popularność marki
1991 – rodzi się nowa marka – tanie Gemo, której nazwę utworzono przez połączenie części imion Gérarda Biotteau i jego żony Simone Biotteau

1992 – powołanie grupy Eram
1998 – Xavier Biotteau, syn Gérarda, zostaje szefem spółki akcyjnej Eram, a jego starszy brat Luc wiceprezesem
2009 – powstaje sklep internetowy marki Eram
2014 – grupa Eram rozwija szkolenia poświęcone projektowaniu butów

CIEKAWOSTKI:

- Właściciele zakładów Biotteau-Guery w pewnym momencie działania firmy postanowili zmienić jej nazwę na taką, którą klienci łatwiej zapamiętają. Trafionym pomysłem okazało się słowo Eram powstałe z połączenia i przestawienia pierwszych i drugich liter imion właścicieli, czyli Alberta-**René** i jego żony **Marie**-Josephe, która od początku ich związku wspierała działania męża i pomagała w podejmowaniu najważniejszych decyzji. Odtąd marka Eram stopniowo zyskiwała coraz większą popularność, a łatwo zapadająca w pamięć

krótka nazwa stała się synonimem butów bardzo dobrej jakości.
- Marka Eram stała się bohaterem oryginalnych reklam. Pierwszy cykl stworzono pod hasłem: „Jeśli bohaterowie bajek znaliby Eram, wszystko byłoby inaczej". W 1977 roku buty stały się tematem serii rysunków Moebiusa, Jeana Girauda, autora komiksów i ilustracji reklamowych. Na rysunkach postacie z bajek mają na nogach buty Eram. Poetycki baśniowy świat przenosi odbiorcę do krainy wyobraźni, w której wszystko jest dobre i piękne, także buty. Drugi cykl to pokazywany w Internecie musical o pięciu dziewczętach, które, by otworzyć na Montmarte swoją restaurację, organizują pokaz. W zmaganiach przebojowych bohaterek pomaga im własny styl, własna piosenka i różne fasony butów Eram dobierane zależnie od sytuacji.
- Równolegle do rozwoju marki Eram firma uruchomiła markę Vylar – niezniszczalne buty z plastiku. Ten pomysł również zakończył się sukcesem. W 1958 roku w Belgii i Niem-

czech otarte zostały spółki zależne od firmy Eram i już tego samego roku eksport produktów Eram stał się trzecim filarem sprzedaży. Trzy lata później w Belgii, a w niedługim czasie także w Niemczech, otwarto pierwsze sklepy detalicznego Eram, zaś latach 60. Eram stał się drugą krajową marką z 80 oddziałami we Francji. By jeszcze przyspieszyć rozwój, w 1969 roku Gerard Biotteau otworzył Klub Eram, wprowadzając formułę franczyzy, w skutek czego sklepy Eram pojawiły się w szybkim tempie w Europie Północnej i Portugalii.

- Jednym z lepszych patentów firmy, wymyślonym przez szwagra Alberta-René Paula Guery, stała się podeszwa z plastiku formowana wtryskowo. Od 1955 roku Albert-René rozpoczął produkcję pierwszych w historii plastikowych podeszew do butów. Proces Plastifor zrewolucjonizował rynek. Buty z taką podeszwą będą sprzedawane pod marką Vylar (to skrót, tym razem utworzony od imion synów założyciela: Yves'a-René i Alberta). Produkcja obuwia stała się bardziej ekonomiczna. Podeszwy z tworzyw sztucznych zyskały taką popularność, że w krótkim czasie Biotteau, by zaspokoić popyt konsumentów, otworzył 10 kolejnych fabryk. Następne wyrastały jak grzyby po deszczu, proporcjonalnie do rozwoju sprzedaży detalicznej. Albert-René nie chciał jednak uzależniać się od dystrybutorów butów, dlatego duży nacisk położył na kontrolę sprzedaży. To dało początek działalności eksportowej firmy, którą kontynuowali i rozwijali już synowie założyciela marki obuwniczej Eram.

- Synowie kontynuują realizację planów ojca. W 1970 roku Gerard Biotteau, dotychczasowy szef sprzedaży, przejął po ojcu nadzór nad firmą. W tym czasie Eram miało 9 zakładów produkcyjnych. Wszystkie w pobliżu głównej siedziby w Saint-Pierre-Montlimart. Z czasem sieć będzie posiadała 400 sklepów i stanie się czołowym producentem obuwia we Francji. Gérard Biotteau skutecznie prowadzi i rozwija firmę stworzoną przez ojca, w efekcie czego w 1986 roku Eram stopniowo wykupuje drobniejsze marki, eliminując konkurencję na rynku. Dzięki temu rozwija sieć sprzedaży detalicznej i konsoliduje marki obuwnicze pod swoim szyldem, by wkrótce potem rozbudować sieć dyskontową pod własną marką. W 1998 roku działanie podejmuje trzecia generacja Biotteau: Xavier, najmłodszy syn Gérarda Biotteau zostaje przewodniczącym zarządu spółki akcyjnej Eram, a jego starszy brat Luc zostaje wiceprezesem.

- Wystrój wnętrz sklepów Eram jest dostosowywany do ich położenia i historii danego miejsca. Marka zdobyła w 2013 roku dwie nagrody za oryginalną koncepcję wystroju wnętrz: Janus du Commerce i de l'Enseigne d'Or.
- Aby przekazać tradycję produkcji butów zgodną z filozofią marki, w kwietniu 2014 roku grupa Eram otwiera szkołę w swojej fabryce w Montejan-sur-Loire. We współpracy z Pôle Emploi, czyli francuską agencją rządową pomagającą znaleźć zatrudnienie bezrobotnym, tworzy sześciomiesięczny kurs dla bezrobotnych między 25 a 48 rokiem życia; certyfi-

kat tego kursu jest uznawany i ceniony przez przemysł obuwniczy.

INFORMACJE:

- Grupa Eram jest międzynarodową firmą złożoną z marek odzieżowych: Eram, Bocage, Staggy, Texto, Heyraud, Mellow, Yellow, Gemo, TBS, Tati, Parade.
- W 2015 roku grupa Eram posiada 1528 punktów sprzedaży detalicznej i zatrudnia 11 300 pracowników.
- Według danych na 2015 rok we Francji grupa Eram produkuje 1,1 mln butów rocznie i ma 1,57 mld euro obrotów.
- Eram to jedna z pierwszych marek obuwniczych we Francji, która otworzyła sklep internetowy (Eram.fr) i nieustannie polepsza jakość tego rodzaju usług. Najnowszym pomysłem e-commerce jest program Eram & Moi, który opiera się na zacieśnieniu kontaktu z klientem poprzez indywidualizację sprzeda-

ży dzięki kartom VIP, bonusom, informowaniu o promocjach dla stałych klientów.

ŹRÓDŁA I INSPIRACJE:

http://www.eram.fr/histoire-marque.
http://www.groupe-eram.fr/en/eram-group/history.
http://www.funduniverse.com/company-histories/eram-sa-history.
Martin Soma, *Éram, le chausseur a les pieds sur terre*, https://www.capital.fr/economie-politique/eram-
-le-chausseur-a-les-pieds-sur-terre-1093744.

Richard Charles Nicholas Branson

(ur. 1950)

Anglik, założyciel grupy Virgin

Jego pierwszym biznesem miała być sprzedaż choinek przed Świętami. Jako 14-latek zasadził drzewka w ogrodzie rodziców i cierpliwie czekał, aż urosną. Niestety, choinki zostały obgryzione przez szkodniki i z biznesu nic nie wyszło. Dwa lata później rzucił szkołę i otworzył swój pierwszy „poważny" interes – czasopismo muzyczne „Student", wkrótce potem wysyłkowy sklep muzyczny, a następnie salon muzyczny w Londynie. Kolejny etap to wytwórnia muzyczna, a stąd już niedaleko do... linii lotniczych, biura podróży, sieci hoteli, oraz telefonów komórkowych, klubów fitness, kolei, usług bankowych i 400 innych firm funkcjonujących w różnych sektorach gospodarki. „Nigdy nie ukończyłem żadnej szkoły biznesu" – mówi. – „Myślę, że gdybym to zrobił, nigdy nie osiągnąłbym tego, co mam". Jego recepta na prowadzenie firmy to: odwaga, podejmowanie szybkich decyzji, pokonywanie przeciwności, wytrwałość, zapał, determinacja. Do tej mieszanki dodaje jeszcze jeden składnik: odrobinę szaleństwa. „Biznes musi dawać frajdę" – powtarza. Gdy tylko rozpoczyna ekspansję na nowym rynku, wszyscy go bacznie obserwują, bo wiedzą, że wprowadzi do branży nowe pomysły i wyznaczy nowe kierunki rozwoju.

Branson urodził się w Anglii, w Blackheat niedaleko Londynu. Był najstarszym dzieckiem z trójki rodzeństwa. Pochodzi z prawniczej rodziny, jednak nie poszedł w ślady ojca i dziadka, sędziego Sądu Najwyższego. Nie uzyskał nawet matury. Jako 16-latek zrezygnował z dalszej nauki, a wcześniej kilkanaście razy zmieniał szkołę. Był bardzo słabym uczniem, na dodatek miał dysleksję i nie potrafił się skoncentrować. „Byłem uważany za nieuważnego i nieznośnego ucznia" – pisze w swojej książce *Like a virgin. Czego nie powiedzą ci w szkole biznesu* – „Wszyscy, począwszy od dyrektora a na woźnym skończywszy, prawdopodobnie z ulgą przyjęli moją decyzję, że rzucam szkołę i będę realizował swoje ówczesne marzenie, by wydawać własną gazetę o nazwie »Student«". Dzięki pomysłowości i młodzieńczemu zapałowi namówił na wywiady kilka znaczących postaci muzyki tamtego okresu. Rozmawiał między innymi z Johnem Lennonem i Mickiem Jaggerem. Za zarobione pieniądze uruchomił wysyłkowy sklep muzyczny. W tamtych czasach był to naprawdę innowacyjny pomysł. Nie ponosił kosztów wynajmu lokalu, mediów, nie zatrudniał sprzedawców, więc mógł zaproponować klientom niższe ceny. Niższe marże nadrabiał dużym obrotem. Sklep funkcjonujący pod nazwą Virgin (ang. dziewiczy) miał się znakomicie.

W 1971 roku przyszła pora na rozwinięcie działalności i uruchomienie sklepu muzycznego w reprezentacyjnym punkcie Londynu: na Oxford Street. Już wtedy zastosował zasadę, której trzyma się do dziś – „Jeśli jesteś nowy w branży, najlepiej zaproponować klientom taką obsługę, która rzuci ich na kolana" – pisze w swojej książce *Like a Virgin*... W funkcjonujących wtedy sklepach muzycznych młodzi ludzie nie mogli w komfortowych warunkach posłuchać muzyki. Richarda zawsze to denerwowało, dlatego w jego sklepie na miłośników muzyki czekały poduszki, pufy, na których klienci mogli się usiąść i posłuchać swoich ulubionych wykonawców, których nagrania leciały z głośników. „Chcieliśmy, aby kupujący dobrze się bawili" – opowiada. To był znakomity pomysł i biznes dynamicznie się rozwijał. Richard nie ustrzegł się jednak błędu – sprzedawał w swoim sklepie nieoclone płyty. Nie stanął przed sądem, zgodził się bowiem na oddanie nielegalnie zarobionych pieniędzy. Aby zapłacić karę, Bransonowie musieli wziąć pożyczkę pod zastaw domu. Richard dostał od życia drugą szansę. Pamiętał o tym przy prowadzeniu kolejnego biznesu, wytwórni płytowej Virgin Records uruchomionej w 1972 roku. Wtedy to jeden z jego podwładnych, odpowiedzialny za pozyskiwanie do wytwórni młodych, obiecujących zespołów, zaczął na swoje konto sprzedawać okolicznym sklepom płyty będące własnością Virgin Records. Gdy sprawa wyszła na jaw, wszyscy spodziewali się, że Branson wyrzuci nieuczciwego pracownika. On jednak postanowił dać mu drugą szansę, tak jak kilka lat wcześniej jemu samemu dał brytyjski wymiar sprawiedliwości. Obdarzony zaufaniem pracownik opamiętał się. Płyty przestały znikać z wytwórni. Okazane zaufanie się opłaciło.

Virgin Records okazała się żyłą złota. To w jej studiu swoją pierwszą płytę nagrał Mike Oldfield, a jego album *Dzwony rurowe* rozszedł się w nakładzie 5 mln egzemplarzy. W 1977 roku wytwórnia wsławiła się podpisaniem kontraktu z grupą Sex Pistols, której muzyką nie chcieli się zajmować inni wydawcy. Wytwórnia Bransona podpisała z czasem kontrakty między innymi z: The Rolling Stones, Bryanem Ferrym, Simple Minds, Janet Jackson, Genesis. Myślenie w ogromnej skali, przekraczanie kolejnych granic i przyjmowanie nowych wyzwań znowu przyniosło sukces.

Kolejnym udanym przedsięwzięciem Bransona było uruchomienie linii lotniczych Virgin Atlantic. Dlaczego linie lotnicze? Bo Branson wchodzi w te biznesy, które go pasjonują. Pieniądze są na dalszym planie. Do działania motywuje go dziecięca ciekawość. Chce się uczyć, dowiadywać czegoś nowego, wymyślać nowe rozwiązania i obserwować, jak działają. Jego inspiracją we wprowadzaniu nowatorskich zmian w każdej niemal branży jest obsługa klienta, w wielu firmach jest ona na niskim poziomie i niewiele trzeba zrobić, by pozytywnie wyróżnić się na tle konkurencji. W przypadku linii lotniczych potrzebnych było kilka elementów. Zmiany zaczęto od tego, że załogi samolotów Virgin Atlantic były po prostu bardzo miłe i pomocne pasażerom. Zgodnie z zasadą Bransona, należy zawsze wyprzedzać trendy i w ten sposób zostawiać konkurentów o całe lata za sobą. Jego linie jako pierwsze miały ekrany do indywidualnego oglądania filmów podczas lotu. Dopóki nie było technologii montażu ekranów w zagłówkach, po prostu rozdawano wszystkim pasażerom odtwarzacze przenośne. W samolotach Bransona montowano specjalnie skomponowany układ foteli sprzyjający odpoczynkowi. To też był ich samodzielny, pionierski projekt. Prawdziwym hitem okazała się jednak możliwość podstawienia limuzyny dla każdego pasażera klasy biznes, gdy konkurenci nie robili tego nawet dla klientów podróżujących pierwsza klasą! Jak to było możliwe? Powód był prozaiczny – linie Bransona były bardzo małe, posiadały kilka samolotów, dlatego biznesmen mógł sobie na to pozwolić. Przy ogromnych flotach, jakimi dysponowali konkurenci Bransona, wprowadzenie usługi było niemożliwe.

Te zmiany pozwoliły Bransonowi zauważyć i przyswoić sobie jeszcze jedną biznesową zasadę. Kluczowym elementem w biznesie jest szybkie podejmowanie decyzji, a to można zrobić tylko w małych strukturach organizacyjnych. Zatem gdy tylko może, dzieli firmy na mniejsze. Takie struktury są bardziej mobilne, elastyczne. „Na tym polega nasza siła. Konkurencja robi piątą naradę w tej samej sprawie, a my już wdrażamy w życie nowe pomysły" – mówi.

Prowadząc tyle przedsięwzięć, Branson nie uniknął wpadek. Sromotną porażką okazało się wprowadzenie na rynek odtwarzaczy MP3. Apple zmiotło z rynku nowego konkurenta. Podobnie zachowali się dwaj giganci: Coca Cola i Pepsi, gdy Branson postanowił wprowadzić na rynek swoją Virgin Colę. „Przegraliśmy, bo narobiliśmy sporo zamieszania i obudziliśmy gigantów, ale fajnie było wjechać czołgiem na Times Square w Nowym Yorku i wycelować w billboard Coca Coli" – wspomina biznesmen, znany ze swoich niekonwencjonalnych pomysłów reklamowych. Z tych porażek Branson wyciągnął kolejną naukę – trzeba wiedzieć, kiedy powiedzieć stop i zrezygnować z dalszego prowadzenia firmy.

W kategoriach porażki emocjonalnej można traktować konieczność sprzedaży ukochanego dziecka Bransona, Virgin Records, z powodu kłopotów finansowych linii lotniczych, na początku lat 90. Wytwórnię kupił w 1992 roku koncern EMI za… miliard dolarów. Branson nie byłby sobą, gdyby nie wrócił na rynek muzyczny. Kilka lat później założył wytwórnię muzyczną V2. Anglik od zawsze stawia sobie ambitne cele i stara się je realizować z naddatkiem. Gdy tylko usłyszy „tego nie da się zrobić", wtedy wie, że to coś dla niego. Prawdziwe wyzwanie dla jego ambicji.

Linie lotnicze to było dla niego za mało, więc w 2004 roku utworzył Virgin Galactic. Przedsiębiorstwo to ma w niedalekiej przyszłości oferować turystyczne loty kosmiczne. Ma już kilkaset osób chętnych, a bilet kosztuje 200 000 dolarów. Swoje niestandardowe i innowacyjne podejście do biznesu zaprezentował przy okazji uruchamiania Virgin Mobile. To był pierwszy na świecie wirtualny operator telefonii komórkowej, nieposiadający własnej sieci przekaźników, tylko dzierżawiący sieci od innych. Obecnie działa w kilkunastu krajach. Sukcesem okazało się uruchomienie Virgin Holidays. Na początku firma miała tylko sprzedawać bilety lotnicze, ale tak się rozwinęła, że obecnie oferuje wakacje w najodleglejszych zakątkach świata dla najbardziej wymagających klientów. Można za jej pośrednictwem wykupić sobie na przykład urlop na prywatnej wyspie Richarda Bransona Necker na Karaibach za 30 000 dolarów… dziennie!

Richard Branson nie jest najbogatszym przedsiębiorcą na świecie. Nie jest w pierwszej setce. Ba! Nawet nie jest w pierwszej dwusetce najbogatszych (zajmuje 286 miejsce na liście „Forbesa" w 2016 roku). Skąd zatem bierze się jego niesamowita popularność, którą można porównać tylko ze sportowcami i gwiazdami muzyki? Bo jest odważny, nie boi się ryzyka, rywalizacji. Ma poczucie humoru i dystans do siebie, co w świecie biznesu jest rzadkością. Przy każdym projekcie ustawia wysoko poprzeczkę, a potem osiąga jeszcze więcej. Nie ma dla niego rzeczy niemożliwych. Jest supermanem światowego biznesu. Całe życie przełamuje stereotypy i dokonuje fantastycznych rzeczy, znakomicie się przy tym bawiąc. Wszystko osiągnął sam, stosując własne, innowacyjne rozwiązania. Uczy się cały czas na własnych błędach i publicznie się do nich przyznaje. Po każdej porażce wraca silniejszy i realizuje jeszcze ambitniejsze cele. Całą swoją działalnością pokazuje, że każdy z nas, jeśli wykształci w sobie ważne dla przedsiębiorczości cechy, może odnieść sukces, nawet jeśli nie zdobędzie formalnego wykształcenia. Jest drogowskazem dla setek tysięcy młodych ludzi, którzy marzą o własnych firmach i ambitnych projektach.

KALENDARIUM:

18 lipca 1950 – narodziny Richarda Bransona w Blackheat pod Londynem

1966 – Richard rzuca szkołę, aby otworzyć czasopismo muzyczne, które nazywa przewrotnie „Student"

1969 – uruchamia sprzedaż wysyłkową płyt – innowacyjny jak na tamte czasy projekt

1971 – otwiera swój pierwszy sklep muzyczny o nazwie Virgin (ang. dziewiczy); dzieciaki mogą tam siedzieć i godzinami słychać ulubionych płyt

1972 – w posiadłości zakupionej w Oxfordshire pod Londynem rusza studio muzyczne Virgin Records; nagrywają w nim: Mike Oldfield, Sex Pistols, The Rolling Stones
1972 – ślub z Kristen Tomassi; po 7 latach rozwiodą się, nie będą mieli dzieci
1984 – startują linie lotnicze Virgin Atlantic
1985 – Branson debiutuje w branży turystycznej; po kilku latach Virgin Holidays staną się jedną z najmocniejszych firm turystycznych w Wielkiej Brytanii
1985 – nieudana próba pobicia rekordu szybkości przepłynięcia oceanu Atlantyckiego – superszybka łódź Bransona tonie, a on sam jest ratowany przez brytyjskich żołnierzy
1986 – Branson nie poddaje się i bije rekord na tej samej trasie w nowej łodzi
1989 – ślub z Joan Templeman, mają dwójkę dzieci
1990 – utworzenie grupy Elders skupiającej liderów świata polityki i gospodarki mającej na celu pracę nad największymi problemami obecnej cywilizacji
1991 – szalony Anglik bije kolejne rekordy, tym ra-

zem w baloniarstwie: najdłuższy przelot (blisko 11 000 km z Japonii do Kanady) oraz rekord prędkości w locie balonem (394 km/h)
1992 – biznesmen zmuszony jest do sprzedaży Virgin Records z powodów kłopotów finansowych swoich linii lotniczych; koncern EMI płaci za wytwórnię miliard dolarów
1993 – Branson, który nie ma nawet matury, otrzymuje honorowy tytuł doktora technologii na Uniwersytecie w Lougborough
1999 – Virgin wchodzi na rynek telefonii komórkowej z nowym i innowacyjnym projektem; Virgin Mobile nie ma swojej sieci, dzierżawi je od innych operatorów
1999 – królowa Wielkiej Brytanii Elżbieta II nadaje Richardowi tytuł szlachecki
2004 – Branson zapowiada podbój kosmosu w ramach projektu Virgin Galactic, czyli galaktycznych linii lotniczych
2005 – Richard uruchamia Szkoły Przedsiębiorczości w najbiedniejszych krajach Afryki, aby w nich kształcić nowych liderów i biznesmenów
2013 – udane testy statku Space Ship Two wynoszą-

cego prom na orbitę w ramach projektu Virgin Galactic; Branson ma 500 chętnych do lotu; bilet kosztuje 200 000 dolarów

CIEKAWOSTKI:

- Branson chce przekraczać granice nie tylko w biznesie, ale też w innych dziedzinach życia. Tej pasji omal nie przypłacił życiem, gdy jego ślizgacz, którym chciał przepłynąć Ocean Atlantycki, zatonął, zaś jego samego uratowali brytyjscy żołnierze. Rok później już mu się udało i może pochwalić się najszybszym pokonaniem Atlantyku łodzią. Jego drugą pasją jest baloniarstwo. Podczas jednego z lotów balonem na ogrzane powietrze nad górami Atlas omal nie zginął, gdy balon zaczął niespodziewania spadać. Do swoich osiągnięć może dołożyć także najdłuższy w historii, bo liczący prawie 11 000 km, przelot z Japonii do Kanady i pobicie światowego rekordu prędkości lotu balonem – osiągnął nim 394 km/h!

- Pomysły Bransona na reklamę firm z grupy Virgin zawsze były „kompletnie stuknięte". Aby zwrócić uwagę na swoje projekty zwisał z mostów „ubrany" tylko w telefony komórkowe, pił herbatkę na czubku ogromnego balonu, wjeżdżał czołgiem na Time Squere, biegał w białej sukni ślubnej po ulicach, jeździł na białym słoniu pod parlamentem indyjskim, udzielał ślubu na wysokości 10 km przebrany za kapłana. Wielką sławę przyniosły mu humorystyczne, a czasem nawet bezczelne reklamy, które nawiązywały zawsze do bieżących wydarzeń. Kiedy panamski dyktator Manuel Noriega został ekstradowany do Miami na proces, w amerykańskiej prasie pojawiły się wielkie reklamy linii lotniczych Bransona z podpisem: „Tylko jeden człowiek poleciał do Miami taniej niż z Virgin Atlantic!".
- Zdaniem Bransona, przedsiębiorcy mają do odegrania ważną rolę we współczesnym świecie. Ich działalność ma bowiem nie tylko pozwolić na rozwój cywilizacji, ale też pomóc radzić sobie z wieloma wyzwaniami, jakie stoją

przed ludzkością. Dlatego pod koniec lat 90. był inicjatorem powstania grupy Elders (ang. starszyzna) skupiającej liderów z całego świata, których zadaniem jest wykorzystywanie swojej wiedzy i umiejętności do tworzenia rozwiązań dla największych problemów, takich jak: głód, konflikty zbrojne, ocieplanie klimatu. Przedsiębiorca poprzez swoją fundację humanitarną Virgin Unite tworzy Szkoły Przedsiębiorczości w najbiedniejszych krajach świata, gdzie uczy przyszłych przedsiębiorców, jak prowadzić biznes. Jest również sygnatariuszem Inicjatywy Global Zero mającej na celu wyeliminowanie broni atomowej ze wszystkich światowych arsenałów. Branson ustanowił nagrodę w dziedzinie nauki i technologii: 25 milionów dolarów czeka na osobę lub zespół, który przedstawi komercyjnie opłacalny projekt, skutkujący obniżeniem emisji gazów cieplarnianych.

- Richard Branson pilnie strzeże swojego życia rodzinnego. W książkach, które napisał, chętnie opowiada o sobie i o swoich przedsię-

wzięciach biznesowych, natomiast stosunkowo mało jest w nich informacji o najbliższych. Wiadomo, że był dwukrotnie żonaty. Pierwszy raz z Kristen Tomassi w latach 1972-1979, zaś od roku 1989 jego małżonką jest Joan Templeman. Biznesmen ma z nią dwoje dzieci: córkę Holly i syna Sama. W 1979 rodziła mu się córeczka Clare Sarah, ale po 4 dniach zmarła.
- Biznesmen zatrudnia w swoich spółkach około 50 000 osób. Zawsze powtarza, że to ludzie są największym majątkiem każdej firmy. Jego pracownicy, szczególnie na kierowniczych stanowiskach, mają dużo swobody. Branson nazywa ich intraprzedsiębiorcami i chce, aby czuli się tak, jakby prowadzili własne firmy. Aby to osiągnąć, pozwala im podążać za ich wizjami, a oni odpłacają świetną, kreatywną pracą. Branson wiele podróżuje i, gdy tylko ma okazję, rozmawia z pracownikami. Zawsze ma przy sobie notes albo ipada i zapisuje wszystkie uwagi. Następnie wprowadza zmiany, gdyż, jak mówi: „praca nad biznesem nigdy się nie kończy".

- W uznaniu dla jego zasług dla Zjednoczonego Królestwa, królowa nadała mu tytuł szlachecki. Matką chrzestną jego pierwszego samolotu była księżna Diana. Branson, mimo że nie ma nawet matury, otrzymał honorowy tytuł doktora technologii angielskiego Uniwersytetu w Lougborough. Biznesmen jest laureatem wielu nagród, otrzymał między innymi tytuł Obywatela Świata przyznamy przez ONZ za działalność humanitarną oraz nagrodę German Media Prize, którą wcześniej otrzymali Bill Clinton i Dalajlama. Swoją nagrodę przyznała mu też organizacja Biznes dla Pokoju z Oslo.

CYTATY:

„Jeśli nigdy nie popełniasz błędów, nigdy niczego nie zrobisz".

„Odważni mogą nie żyć długo, ale ostrożni nie żyją wcale!"

„Wierzę w siebie. Wierzę w ręce, które pracują, w mózgi, które myślą, i w serca, które kochają".

„Stawiaj sobie wyzwania, a będziesz się rozwijać. Twoje życie się zmieni, twoje myślenie się zmieni. Nie zawsze łatwo jest osiągać cele, ale to nie jest powód, żeby się poddawać".

„Nigdy nie rób niczego, co nie pozwoli Ci spokojnie spać w nocy. Tą zasadą warto się kierować".

„Jeśli chcesz wygodnego życia, to nigdy nie będziesz wiedział, jak smakuje zwycięstwo".

„Okazje w biznesie są jak autobusy. Zawsze przyjedzie następny".

ŹRÓDŁA I INSPIRACJE:

Richard Branson, *Like a Virgin. Czego nie nauczą Cię w szkole biznesu*, Studio Emka, 2015; a także inne książki Bransona.

Polska strona poświęcona Richardowi Bransonowi: http://richardbranson.pl.
Blog Richarda Bransona: https://www.virgin.com/richard-branson.
Richard Branson na Twitterze: https://twitter.com/richardbranson.
Richard Branson na Facebooku: https://www.facebook.com/RichardBranson.

Natan Darty

(1920-2010)

Francuz polskiego pochodzenia, założyciel (wraz z ojcem i dwoma braćmi) najpotężniejszej we Francji firmy handlującej sprzętem RTV i AGD – Darty

Czasami najlepsze pomysły przychodzą do nas przypadkiem. Na przypadek trzeba jednak zapracować. Samo siedzenie i czekanie, aż „coś" się wydarzy, do niczego nie prowadzi. Kiedy już „coś" się wydarzy, trzeba jeszcze rozpoznać, że to jest właśnie ten właściwy moment i go wykorzystać. Wiedział to Natan Darty, podejmując jako dojrzały, 37-letni mężczyzna odważną decyzję, która zapoczątkowała jego drogę od krawca w malutkim sklepiku w Paryżu do europejskiego potentata na rynku detalicznym RTV-AGD. Sama decyzja to tylko pierwszy krok. Potem przyszedł czas na samodzielną naukę i zdobywanie doświadczenia w zupełnie nowej branży. Do tego dołożył pomysłowość oraz idealne wyczucie rynku. To ostatnie było możliwe dzięki ponadprzeciętnie rozwiniętej umiejętności nawiązywania relacji z klientami odwiedzającymi jego sklepy. Przy każdej okazji Natan i jego współpracownicy wsłuchiwali się uważnie w ich głosy, zbierali opinie. Powoli i systematycznie poznawali ich oczekiwania i obawy. Z tej układanki powstał największy biznes w branży urządzeń gospodarstwa domowego we Francji.

Natan Darty urodził się w 1920 roku w Polsce, w Płońsku, w rodzinie żydowskiej. O jego dzieciństwie i młodości wiemy niewiele. Miał dwóch młodszych braci: Marcela i Bernarda. W czasie II wojny światowej był więźniem obozów koncentracyjnych Auschwitz i Mauthausen. Być może właśnie tak ekstremalne przeżycia spowodowały, że wykształcił wyjątkową odwagę, pomysłowość i z determinacją potrafił dążyć do celu. Po wojnie cała jego rodzina wyemigrowała do Francji i zamieszkała w Paryżu. To było dla Natana kolejnym wyzwaniem. Przez przed wojną ukończył tylko szkołę podstawową. Tutaj bariera językowa uniemożliwiała mu kontynuowanie nauki w normalnym trybie. Nie była to jedyna przeszkoda. Rodzina musiała z czegoś żyć. Natan pomagał więc ojcu w prowadzeniu sklepu z odzieżą dla mężczyzn. Potrzebny był profesjonalizm, więc ukończył kurs projektanta odzieży. Specjalizował się w garniturach dla mężczyzn w większych rozmiarach. Gdy miał 37 lat, w życiu rodziny Darty nastąpił przełom. Bracia Darty wraz z ojcem postanowili rozbudować swój sklep i kupili od miasta sąsiadujący z nimi lokal, w którym sprzedawano radioodbiorniki oraz telewizory. Jedyny problem polegał na tym, że kupili go... wraz z towarem. Nie mieli co z nim zrobić, więc postanowili go sprzedać. I tu po raz pierwszy sprawdziła się handlowa intuicja Natana, która podpowiadała mu, żeby wyjść bliżej do klienta, i to dosłownie. Postanowił sprzedawać sprzęt...

wprost z ulicy. Towaru, co do sztuki pozbyli się w ciągu kilku dni, zarabiając na nim znacznie więcej niż na swojej dotychczasowej działalności – handlu odzieżą.

Jako wizjoner Natan widział potencjał drzemiący w branży RTV-AGD. Czuł, że ten rynek jest rozwojowy i trzeba jak najszybciej zająć na nim miejsce. Podjął odważną decyzję, a w jej konsekwencji rodzina Darty porzuciła tekstylia i rozpoczęła przygodę z handlem radioodbiornikami, telewizorami i sprzętem gospodarstwa domowego. Pierwszy ich sklep ruszył w 1957 roku. Drugi – 8 lat później. Oba w Paryżu. Pierwsza dekada funkcjonowania biznesu to dla Natana i jego najbliższych czas intensywnej nauki. Bracia nie znali branży, nie mieli wykształcenia handlowego, więc wszystkiego musieli uczyć się samodzielnie. Natan postanowił wykorzystać to, co wcześniej przynosiło mu korzyści. Od samego początku budował dobre relacje z klientami, dużo z nimi rozmawiał, poznawał ich oczekiwania, potrzeby i obawy. Dzięki temu odkrył zasadę, która stała się fundamentem polityki handlowej Darty: „Klient będzie zadowolony wyłącznie w sytuacji, gdy urządzenie, które kupił, działa tak, jak to sobie wyobrażał". Darty rozumieli to hasło w następujący sposób: nie chodzi tylko o to, aby sprzedać produkt i mieć klienta „z głowy", ale o to, aby zaopiekować się nim także po zakupie. To było ich odkrycie – należy zaproponować klientom serwis gwarancyjny, aby czuli się bezpiecznie, nawet gdy coś się zepsuje.

W 1968 roku bracia otworzyli pierwszy wielkopowierzchniowy sklep RTV-AGD we Francji. W podparyskim Bondy klienci mogli robić zakupy na powierzchni 800 metrów kwadratowych. By zapoznać się z nowościami handlowymi, Darty przed otwarciem tego centrum odwiedzili Stany Zjednoczone, gdzie tego typu sklepy już działały. Uważnie obserwując i wyciągając wnioski, nauczyli się więcej niż na jakimkolwiek kursie. Zauważyli, że w tamtejszych marketach elektrycznych właściciele prześcigali się w obniżaniu cen produktów. Natomiast za serwis, w przypadku ich awarii, klienci musieli płacić dodatkowo. Natan postanowił, że kupujący w Darty nie będą musieli płacić za naprawy sprzętu na gwarancji. Trzypunktowa polityka sprzedażowa sklepów Darty brzmiała: niskie ceny, szybka dostawa i bezpłatna obsługa serwisowa. Firma rozwijała się coraz szybciej, głównie dzięki świadomemu wzmacnianiu relacji z klientami. Doświadczenie wskazywało Natanowi, że to właściwa droga. W 1973 roku wprowadził bezprecedensowy i genialny dokument, tzw. umowę zaufania. Określała ona zasady polityki handlowej względem klientów. Firma zobowiązała się w nim m.in. do stosowania zawsze najlepszych cen. Co to oznacza w praktyce? Jeśli ktoś kupi w Darty sprzęt i znajdzie go w innej sieci w niższej cenie, Darty zwróci mu różnicę!

Umowa zaufania stworzyła wielką zażyłość między siecią a klientami. Zażyłość, którą Natan umiejętnie nagłaśniał w reklamach; wiedział, że żadne zmiany nie pomogą, jeśli klient nie będzie o nich odpowiednio poinformowany. Okazał się nie tylko genialnym handlowcem, lecz także marketingowcem. Wrodzone wyczucie znakomicie łączył z umiejętnością analizy sytuacji i uczeniem się przez obserwację. Francuzi chcieli kupować tylko u niego! W 1974 roku bracia Darty otworzyli największy magazyn ze sprzętem RTV-AGD w Europie. Obiekt o powierzchni 40 000 metrów kwadratowych stanął w Mitry Mory pod Paryżem. Dwa lata później firma miała już 20 sklepów. Zatrudniała prawie 2000 osób. W 1976 roku Darty zadebiutował na giełdzie papierów wartościowych. Natan był otwarty na zmiany, ponieważ w nich widział szansę na to, by zawsze być krok przed konkurencją. W połowie lat 70. zainteresował się wykorzystaniem w swoich sklepach komputerów, które były wtedy nowością na rynku. Postanowił zainwestować w rozwój sieci komputerowej pozwalającej na lepszą i szybszą komunikację między magazynami i sklepami. Dzięki temu mógł szybciej uzupełniać towar w sklepach, co skutkowało większą sprzedażą. Lata 1975-1987 to czas dynamicznego rozwoju Darty'ego. Firma otwierała kolejne sklepy, swoim zasięgiem obejmując całą Francję.

Natan cały czas czuł potrzebę zmian i wprowadzania nowości w biznesie. Wiedział, że człowiek, który się nie rozwija, nie tylko stoi w miejscu, ale wręcz się cofa. Dlatego wraz z braćmi snuł ambitne plany rozwoju. W 1984 roku otworzył sieć sklepów sportowych Sporty. To nowe wyzwanie, które napędzało do pracy Natana i spółkę przez trzy kolejne lata, aż do roku 1987, gdy sprzedali swoje najmłodsze dziecko sieci Go Sport. W 1988 roku podjęli kolejną, bezprecedensową i mądrą decyzję. Sprzedali swoim pracownikom udziały w firmie! Wykup skończył się sukcesem – chęć posiadania akcji zadeklarowało 90 procent osób zatrudnionych w Darty. Trafiło do nich 56 procent akcji przedsiębiorstwa. Operacja stała się największym w Europie wykupem pracowniczym. Korzyści z niej były ogromne: ludzie czuli się jeszcze bardziej związani z firmą i pracowali o wiele efektywniej, a Natan uzyskał pieniądze na kolejne inwestycje i rozwój. W roku 1988 Darty posiadali 100 marketów we Francji i Belgii, gdzie kupili sieć Vanden Bore. W 1996 roku Natan, interesujący się nowinkami informatycznymi, uruchomił stronę internetową firmy, a 3 lata później sklep internetowy darty.

com. Oczywiście robiący tam zakupy korzystają z umowy zaufania. Wierni swojej idei budowania relacji z klientami bracia Darty tworzą w 1999 roku pierwszą czynną 7 dni w tygodniu infolinię, skierowaną przede wszystkim do klientów internetowych. Początek kolejnej dekady to ekspansja na sąsiednie rynki: szwajcarski i luksemburski. W 2004 roku sieć sklepów Darty liczyła 200 placówek. Natan, cały czas poszukujący nowych pomysłów i podpatrujący trendy rynkowe w innych branżach, zadecydował o uruchomieniu w 2006 roku kolejnych nowych usług: telewizji, Internetu i telefonii komórkowej. Dzisiaj firma ma ponad 230 sklepów i zatrudnia ponad 12 000 ludzi w kilku europejskich krajach.

Informacje dotyczące życia prywatnego Natana Darty są bardzo skromne. Po wojnie ożenił się i w 1948 roku urodziła mu się córka Michelle, niepełnosprawna umysłowo. W 1979 roku Natan wraz z żoną Helen założyli fundację Michelle Darty zajmującą się opieką nad upośledzonymi dorosłymi , którymi z różnych powodów nie mogą lub nie chcą zajmować się rodziny. Fundacja prowadzi siedem domów opieki, w których mieszkają niepełnosprawni. Pomaga im w prowadzeniu normalnego życia, między innymi znajdując im pracę dopasowaną do ich możliwości intelektualnych. Fundacja utrzymuje się ze środków prywatnych rodziny Darty oraz darowizn.

Natan Darty zmarł 1 listopada 2010 roku w wieku 90 lat. Pół wieku prowadzenia firmy to był czas ciągłej, samodzielnej nauki, poszukiwania nowych rozwiązań i wprowadzania zmian. Natan wraz z braćmi uczył się na własnych błędach i potrafił z nich wyciągać wnioski. Sukces jego i firmy budowany był na trzech mocnych fundamentach. Pierwszym był fakt, że Darty to firma rodzinna, prowadzona przez ojca i trzech synów. Zawsze mogli na siebie liczyć i wspierać się w trudnych chwilach. Drugim fundamentem było budowanie dobrych, partnerskich relacji z klientami, którzy odpłacili się braciom Darty zaufaniem, pozwalając na zdobycie ogromnej przewagi na rynku. Trzecim filarem było mądre zarządzanie wielką organizacją jaką jest grupa Darty. Dzielenie się zyskami poprzez możliwość zakupu pracowniczych akcji firmy spowodowało, że zatrudnieni tam ludzie poczuli się jej współwłaścicielami, a to z kolei przyniosło wyższą jakość pracy, która do dziś jest wizytówką firmy.

KALENDARIUM:

15 lipca 1920 – narodziny Natana Darty w Płońsku
1939-1945 – w czasie II wojny światowej Natan jest więźniem obozów koncentracyjnych w Mauthausen i Auschwitz; po wojnie wraz z rodziną emigruje do Francji
1948 – bierze ślub; na świat przychodzi córka – Michelle
1957 – Natan z ojcem i braćmi otwiera pierwszy sklep z radioodbiornikami i telewizorami w paryskiej dzielnicy Montreuile
1965 – rusza drugi sklep w dzielnicy Belleville w Paryżu
1967 – bracia Darty jadą do USA, aby podglądać, jak działają tamtejsze markety RTV-AGD

1968 – w miejscowości Bondy niedaleko Paryża powstaje największy we Francji (o pow. 800 m^2) sklep z artykułami gospodarstwa domowego

1970 – Darty posiada siedem sklepów i 300 pracowników

1973 – Natan Darty wprowadza tzw. umowę zaufania, która reguluje zasady ich polityki handlowej

1975 – otwarcie największego magazynu RTV-AGD we Francji: hale w Mitry Mory mają 40 000 m^2 powierzchni

1976 – firma Darty debiutuje na paryskiej giełdzie papierów wartościowych

1979 – Natan wraz z żoną Helen zakładają fundację Michelle Darty prowadzącą domy opieki nad dorosłymi upośledzonymi umysłowo

1984 – Natan z braćmi uruchamia sklepy sportowe Sporty, które po trzech latach odsprzedaje sieci Go Sport

1988 – właściciele Darty podejmują decyzję o odsprzedaży części akcji firmy swoim pracownikom; operacja jest największym pracowniczym wykupem tamtych czasów w Europie

1989 – Darty posiadają 100 sklepów i wykupują belgijską firmę handlującą sprzętem RTV – Vanden Borre
1993 – Darty wchodzi w skład międzynarodowej grupy Kingfisher
1996 – Rusza pierwsza strona internetowa grupy Darty
1999 – Natan uruchamia sklep internetowy darty.com oraz telefoniczną infolinię czynną 7 dni w tygodniu dla klientów robiących zakupy w sieci
2004 – sieć Darty liczy 200 sklepów we Francji, Belgii, Szwajcarii i Luksemburgu
2006 – Darty wprowadzają nowe usługi: telewizję, telefony komórkowe i Internet
1.11.2010 – Natan Darty umiera w wieku 90 lat

ŹRÓDŁA I INSPIRACJE:

Historia grupy Darty: http://www.dartyfrance.com/Historique.php?1957_1969 .
Grupa Darty – hasło na Wikipedii: https://en.wikipedia.org/wiki/Darty.

Informacje na temat tzw. umowy zaufania z 1973 roku: https://wearedevelopment.net/2012/04/22/darty-the-contract-of-confidence.

Fundacja Michelle Darty: http://www.fondation-michelle-darty.com.

Jean-Claude Decaux

1937-2016

wynalazca wiat przystankowych,
potentat w zakresie produkcji, montażu
i konserwacji mebli ulicznych,
pomysłodawca miejskich wypożyczalni
rowerów, specjalista od reklamy,
przemysłowy gigant, kreator wizerunku
nowoczesnego, inteligentnego miasta

Idee i wynalazki kształtujące rzeczywistość bywają często tak proste w swojej genialności, że mamy wrażenie, iż każdy z nas mógłby być ich autorem. Często są efektami przebłysku połączonego ze zdolnością wnikliwej analizy tego, co nas otacza. Archimedes odkrył swoje prawo, kąpiąc się w wannie, pianista Józef Hoffmann wpadł na pomysł wycieraczek samochodowych, zapatrzywszy się na działanie metronomu. Jean-Claude Decaux stworzył wiaty przystankowe – zwyczajne, wydawałoby się, budki osłaniające przed wiatrem i deszczem. Dzięki nim nie tylko zbudował swoją fortunę, ale w istotny sposób poprawił warunki oczekiwania na publiczne środki transportu. To był wstęp do kolejnych pomysłów, które na stałe wpisały się w miejski krajobraz. Właściwie każdy z nas niemal na co dzień w jakiś sposób korzysta z tego, co wymyślił Decaux. Kariera owego przedsiębiorcy wizjonera pokazuje, że nie miejsce, czas czy okoliczności wyznaczają to, kim jesteśmy i kim możemy się stać, lecz sprawiają to determinacja i otwarty umysł.

Jean-Claude Decaux pochodził ze skromnej rodziny z prowincjonalnego Beauvais. Urodził się niedługo przed wojną – 15 września 1937 roku, więc jego dzieciństwo i młodość przypadły na wyjątkowo trudny okres. Niesprzyjające okoliczności nie pozbawiły go jednak energii do działania, lecz raczej ukształtowały siłę jego charakteru. W młodzieńczych latach zaangażował się w działalność skautów. Imponowała mu żołnierska dyscyplina. Jako drużynowy budził podległych mu harcerzy odgłosem trąbki, wymagał ścielenia łóżek „pod linijkę". Słynął z zamiłowania do porządku, które w dużej mierze zawdzięczał wychowującej go babci. Ta, jak wspominał, odkurzała wszystko, nawet kanarka. Schludny wygląd, zawsze jasna, starannie wyprasowana koszula, ciemny garnitur, krawat i błyszczące buty stały się jego znakiem rozpoznawczym. Takie same wymagania co do stroju dotyczyły całej kadry kierowniczej, o czym uprzedzał na rozmowie kwalifikacyjnej. Zewnętrzny wizerunek korespondował w naturalny sposób ze starannością, dbałością o szczegóły.

Ojciec Decaux prowadził sklep z butami, którym kilkunastoletni Jean-Claude zajmował się w czasie wakacji. W tym czasie ujawnił się jego marketingowy talent i zainteresowanie działalnością reklamową. Jako piętnastolatek anonsował zalety sklepu ojca na publicznych murach rodzinnego miasta. Z czasem stworzył pierwszą na świecie korporację w branży reklamy miejskiej.

Trzy lata przed osiągnięciem dorosłości, co w czasach młodości Decaux następowało z ukończeniem 21 roku życia, Jean-Claude zaczął pracować na własny rachunek. W dniu 18 urodzin, czyli 15 września 1955 roku, mając zaledwie 300 franków w kieszeni, założył własną firmę montującą banery reklamowe przy drogach. Żartował, że uczynił to ze względu na swój nieznośny charakter, który nie pozwalałby na podporządkowanie się komukolwiek. Jego największy kapitał stanowiły wówczas determinacja, kreatywność, wiara w powodzenie przedsięwzięcia, entuzjazm i odwaga. Brakowało mu tylko formalnego przygotowania zawodowego. Jednak to, że był samoukiem, nie stało się przeszkodą w rozwoju firmy JC Decaux, ponieważ reklama, zasadnicza dziedzina jego działalności, wraz z postępem technologicznym wchodziła w coraz to inne obszary. Wiele z nich zagospodarował jako pierwszy, wykazując się świeżością myślenia, chęcią rozwiązywania problemów ludzi i brakiem ograniczeń, które mogłyby go krępować, gdyby zdecydował się na systematyczną naukę. Założoną przez siebie firmę postanowił nazwać swoim nazwiskiem, ponieważ od początku chciał brać pełną odpowiedzialność za to, co proponuje. Z czasem marka JC Decaux stała się gwarancją wysokiej jakości.

Decaux okazał się absolutnym pionierem w sposobie prowadzenia działalności reklamowej. W doskonały sposób w swoich wynalazkach potrafił łączyć ich użyteczność społeczną z przydatnością reklamową. Charakterystycznym przykładem jest pomysł na wykorzystanie jednej z jego najważniejszych innowacji: wiat przystankowych. Nie tylko miały one poprawić warunki oczekiwania na publiczne środki transportu. Decaux dostrzegł w nich także znakomitą powierzchnię reklamową. Mocno wierzył w wartość własnych projektów, dlatego był przekonujący i zarażał entuzjazmem. Łatwo potrafił namówić włodarzy miast do realizacji swej idei, zwłaszcza że jego oferta obejmowała bezpłatny montaż i dożywotnią konserwację przystanków. Finansowanie całego przedsięwzięcia i zysk Decaux miały pochodzić wyłącznie z umieszczanych na wiatach reklam, gminy nie musiały więc angażować środków publicznych.

Zasada wprowadzenia w życie tego rewolucjonizującego miejską przestrzeń wynalazku była typowa dla jej autora. Wszystkie produkowane przez niego miejskie sprzęty powstawały dla wygody i z potrzeby ludzi, wprowadzając istotne ułatwienia. Wszystkie też były się nośnikami reklamy. Decaux w szczególny sposób dbał o solidność wykonania i trwałość. Czasem zarzucano mu brak estetyki. Konstrukcje te jednak sprawdzały się w praktyce, ich utrzymanie nie było kosztowne, a to, co uznawano za słabość, czyli pewna surowość i prostota formy, stało się z czasem siłą firmy. Decaux zależało ponadto na tym, by materiały sprzyjały środowisku, między innymi dzięki swej żywotności. Był ekologiem w czasach, kiedy jeszcze o ekologii się nie mówiło.

Pierwsze oplakatowane reklamami przystanki (*l'abribus*) pojawiły się w 1964 roku w Lyonie. Początki nie były łatwe, ale Decaux był wytrwały. Wierzył w swoje idee i zgodnie z zasadą niepoddawania się bez względu na wszystko konsekwentnie dążył do celu. Starał się przekonać kolejnych sceptycznych inwestorów, którzy obawiali się, że proponowana im przestrzeń reklamowa jest zbyt mała. Wiedział, że jej potencjał nie leży w wielkości przekazu, ale w jego doskonałej lokalizacji w miejscach, gdzie codziennie zbierają się ludzie. Szybko okazało się, że miał rację. Przystanki z reklamami i informacjami pożytecznymi dla pasażerów w niedługim czasie podbiły kolejne miasta, najpierw we Francji – Grenoble, Angers, Poitiers – a potem na całym świecie. Dziś są nieodłącznymi elementami miejskiej przestrzeni.

Jako wizjoner Decaux nie mógł pozostać przy tym, co już zrobił, lecz wciąż szukał nowych pomysłów. Synom i współpracownikom powtarzał, że nie można zadowalać się posiadaniem 10 procent, skoro pozostałych 90 procent się nie ma. Trzeba się koncentrować na tym, co jest do zdobycia, a nie na tym, co już się osiągnęło. To była jedna z ważniejszych zasad funkcjonowania jego przedsiębiorstwa. Przez cały czas starał się pozyskiwać te obszary, w których jeszcze nikt nie zdobył. W latach 70. firma zaczęła się dynamicznie rozwijać dzięki produkcji urządzeń ulicznych, takich jak: kosze na śmieci, kioski, ławeczki ze specjalnymi schowkami na reklamę. Ten permanentnie rozwijający się przedsiębiorca starał się eksplorować każdą możliwą przestrzeń jako nośnik ogłoszeń. Widział, że ludzie chcą mieć łatwy dostęp do ważnych informacji.

Jego kreatywność nie miała granic. W 1980 roku wpadł na pomysł stworzenia paneli z wyświetlanymi na zielono napisami, rodzaju dzienników elektronicznych, na których umieszczano komunikaty administracyjne, społeczne, upowszechniano nowinki kulturalne czy sportowe. Rok później wprowadził do miejskiej przestrzeni samoczyszczące się toalety i pierwsze toalety dla niepełnosprawnych. Zadbanie pod tym względem o osoby ze specjalnymi potrzebami również było posunięciem pionierskim. Rok 1998 przyniósł kolejną, wizjonerską ideę: pierwsze ekrany cyfrowe montowane w strategicznych punktach miast; można je było łatwo zaktualizować, zaprogramować zmiany. Dzięki zakupowi HMC (Havas Media Comunications) Decaux mógł z kolei rozwinąć swoją firmę w dziedzinach reklamy wielkoformatowej i reklamy na lotniskach. Od

2001 roku postanowił też wejść na giełdę. Firma dba o zadowolenie akcjonariuszy, dlatego systematycznie wypłaca dywidendy.

Rok 2002 przyniósł ważną decyzję Jeana-Claude'a Decaux, który przekazał kierownictwo firmy dwóm spośród trzech swoich synów. Sam pozostał przewodniczącym Rady Nadzorczej do 2013 roku i wciąż zaskakiwał genialnymi pomysłami. Wiele wynikało z nieprzemijającej chęci do poprawiania jakości życia ludzi. To on był autorem idei rowerów miejskich. Cieszył się, że choć wydawała się tak prosta, to nikt przed nim na nią nie wpadł. Decaux, który był entuzjastą tego środka transportu, mówił, że wszystkie inne, czyli samochód, tramwaj, autobus trzeba zatankować. Z rowerem jest inaczej, siłą napędową jest nasza energia, którą zawsze mamy ze sobą, a co więcej, nie tracimy jej, lecz wręcz pomnażamy, korzystając z roweru. Wskazywał, że to środek nie tylko ekonomiczny, ale też ekologiczny, a do tego korzystanie z komunikacji rowerowej jest równocześnie uprawianiem sportu. Wysoko cenił prowadzenie aktywnego trybu życia i dbałość o zdrowie. Do tego wynalazku podchodził z wielkim entuzjazmem i sam chętnie z niego korzystał niemal każdego dnia. Nie zniechęcało go sceptyczne podejście, krytyka wyglądu tych rowerów, jakby narysowanych grubą kreską, ani też początkowe niepowodzenia związane z nie zawsze odpowiedzialnym użytkowaniem pojazdów nienależących przecież do ich użytkowników. Skoncentrował się jednak na analizowaniu problemów i usprawnianiu systemu, tak by okazał się satysfakcjonujący dla użytkowników i firmy JC Decaux. Decaux nie byłby sobą, gdyby nie wykorzystał rowerów również jako nośnika reklamy. Jako ojciec własnego sukcesu mógł przewidywać, że i ta idea pójdzie w świat, czemu dawał wyraz w swoich wypowiedziach. Ciekawe jest to, że znowu się nie mylił. Miał niezwykłą intuicję inwestowania w korzystne rozwiązania. Zawsze jednak czynił to uczciwie i zgodnie z żelaznymi zasadami firmy, która budowała swoją siłę na zaufaniu klientów. Nie przestał też być aktywny w dziedzinie zdobywania nowych rynków. W rok po przekazaniu posady dyrektora potomkom pierwsze miejskie rowery zainstalował w Wiedniu, a potem między innymi w Paryżu. Współcześnie firma JC Decaux jest absolutnym światowym liderem w zakresie tej działalności.

Nowoczesność to również znak firmowy Jeana-Claude'a Decaux, a także jego następców. Nie mógł pozostać obojętny na coraz bardziej wyrafinowane zapotrzebowania rynku. Szybko zrozumiał, że reklama nie może pozostać statyczna, stąd kolejne pomysły na instalacje, tablice interaktywne, happeningi, projekty 3D, hologramy, elementy teatralizacji itp. Działalność firmy stale się rozszerzała. Do dziś obejmuje trzy główne obszary: meble miejskie (kioski, wymyślone przez Decauxa kolumny Moris, rowery miejskie itp.) – wszystkie one pozwalają wpisać reklamę w przestrzeń miejską tam, gdzie niemożliwa jest reklama wielkoformatowa; sprzęty niereklamowe (dystrybutory prasy, interaktywne terminale, informatory, również dźwiękowe na ławeczkach, lampy, kosze na śmieci, sygnalizatory, kontenery na szkło, papier, zużyte baterie); reklamę wielkoformatową w transporcie.

By swoje urządzenia zaadaptować do jakiejś przestrzeni, współpracował z uznanymi projektantami. Miał do siebie dystans i wyciągał wnioski z życiowych doświadczeń. Jako genialny samouk potrafił uczyć się wszędzie tam, skąd płynęła ważna nauka. Doceniał też współpracę z uczelniami wyższymi. Na jednej z nich (Institut Superieur de Gestion) zdobył po latach wykształcenie w zakresie zarządzania (w 1980 roku). Było to wtedy, gdy już sam był ekspertem w tej dziedzinie. Wynalazczości jednak nikt go nigdy nie uczył, miał ją w genach.

Decaux do końca życia pozostał niespokojnym duchem, wyznawał zasadę, że nie można się koncentrować na tym, co już zostało zrobione, lecz trzeba myśleć o tym, czego jeszcze nie udało się osiągnąć. Zdawał sobie sprawę z pożyteczności i solidności swoich produktów, ale jako wizjoner wiedział, że wciąż jest jeszcze wiele do wymyślenia. To dzięki tym cechom swojego charakteru, a także dzięki wielkiej wytrwałości, konsekwencji, wrażliwości i wyczuleniu na ludzkie potrzeby stał się prawdziwym potentatem, numerem jeden w branży reklamy zewnętrznej na świecie, właścicielem potężnej fortuny szacowanej na 4,6 miliarda euro. W oddziałach jego firmy pracuje 12 300 osób, w tym w samej Francji trzy i pół tysiąca.

Mimo że zawsze uznawał tylko najwyższą jakość i był niezwykle wymagający, również wobec najbliższych, nigdy nie stał się bezwzględnym szefem. Jego synowie wspominali, że łatwo nie było, bo ojciec bywał surowy, zawsze jednak pozostawał sprawiedliwy. Sam stanowił wzorzec pracowitości i kreatywności; to od siebie wymagał najwięcej. Uważał, że kluczami do sukcesu są wytrwałość i praca zespołowa. Na tych solidnych fundamentach potrafił ze swoimi synami stworzyć zgrany zespół wyróżniany prestiżowymi nagrodami dla firm rodzinnych. Szanował wszystkich swoich pracowników, chronił miejsca pracy, dbał o odpowiednie wynagradzanie. Był przekonany, że zadowolenie załogi firmy przełoży się na jakość wykonywanej pracy. Nigdy nie szedł na skróty, wolał stracić jakiś kontrakt, niż pójść na kompromis w zakresie wykonawstwa i materiałów.

Nazwisko Decaux jest na francuskim rynku

przedsiębiorczości symbolem sukcesu osiągniętego wyłącznie dzięki własnemu potencjałowi, kreatywności i innowacyjności. Niczego po nikim nie odziedziczył, wszystko oparł na własnych pomysłach i bez dyplomu zrobił fortunę w dziedzinie charakteryzującej się ogromną konkurencją. Jego przedsięwzięcia niemal zawsze miały prospospołeczny charakter. Świadczą o tym rodzaje wprowadzanych innowacji i procedura ich realizacji ograniczająca lub całkowicie wykluczająca konieczność pozyskiwania środków publicznych. Pozostał skromny i dyskretny, nie chwalił się swoją działalnością charytatywną, chronił prywatność, niechętnie udzielał wywiadów. Zmarł 27 maja 2016 roku po długiej i ciężkiej chorobie. Jego pogrzeb miał ściśle prywatny charakter.

KALENDARIUM:

15 września 1937 – Jean-Claude Decaux przychodzi na świat w Beauvais we Francji, w skromnej rodzinie kupieckiej

15 września 1955 – założenie własnej firmy reklamowej

1964 – wynalezienie wiat przystankowych

1980 – wprowadzenie na rynek dzienników elektronicznych z informacjami administracyjnymi, kulturalnymi i sportowymi, dostosowanych do danej społeczności

1981 – wprowadzenie systemu samoczyszczących się toalet i pierwszych toalet dla niepełnosprawnych

1992 – pojawienie się firmy JC Decaux w Polsce

1998 – zrealizowanie idei ekranów cyfrowych

1999 – odkupienie HMC (Havas Media Cominication), rozwój reklamy wielkogabarytowej

2001 – JC Decaux debiutuje na giełdzie

2002 – przekazanie kierownictwa w firmie dwom synom: Jeanowi-Charles'owi i Jeanowi-Sébastienowi

2003 – instalacja pierwszych rowerów miejskich w Lyonie

2011 – zakup Mediakiosk

2013 – zrzeczenie się przewodnictwa w Radzie Nadzorczej

27 maja 2016 – Decaux odchodzi po długiej i ciężkiej chorobie

CIEKAWOSTKI:

- Decaux był przywiązany do swojego ojczystego kraju, dbał o to, by produkować wszystko we Francji z francuskich materiałów. Nie szukał oszczędności poza granicami, mimo to jego firma zrobiła światową karierę.
- Dwaj synowie, którym Jean-Claude powierzył prowadzenie firmy, mają podobne w pisowni (a takie same w brzmieniu) inicjały jak ojciec: Jean-Charles Decaux i Jean-Sébastien Decaux.
- Pomysł na przystanki zrodził się w głowie Decauxa z inspiracji pewnej grupy starszych ludzi. Młody Jean-Claude stawiał tablice reklamowe niedaleko Beauvais, gdy podeszli do niego i zapytali, co tutaj robi, wyrażając obawę, że zetnie wszystkie drzewa. Poskarżyli się wówczas na niewygodę oczekiwania na autobus i poprosili o postawienie jakiegoś daszku.

- Pracownicy firmy mieli specjalny numer alarmowy, na który należało dzwonić, gdyby jako użytkownicy przystanków zauważyli jakieś uszkodzenie czy nieporządek, by można było od razu interweniować. Wiaty miały być godną wizytówką przedsiębiorstwa.
- Jean-Claud Decaux biegle władał językami angielskim i niemieckim. Tego drugiego uczył się, przychodząc przez rok codziennie o siódmej rano do kafejki na rozmowy z profesorem, które odbywały się w tym języku. Robił to, by móc objąć w Niemczech posadę, która dawała szansę na szybszy rozwój kariery.
- Wobec swoich synów był bardzo wymagający. Wpajał im zasady, na których zbudował swoją firmę. Wakacje planował jako obozy szkoleniowe. Synowie przeszli wszystkie szczeble awansu w fabryce ojca, by poznać dokładnie strukturę firmy.
- Decaux mieszkał w miejscowości o nazwie Plaisir (Przyjemność), tam też znajdowała się główna siedziba jego firmy. Wiele z jego pomysłów i wynalazków miało uczynić życie ludzi bardziej

przyjemnym. Sam zresztą chętnie oddawał się jednej ze swoich ulubionych przyjemności: jeździe na rowerze. Wspominał, że robi wycieczki rowerowe sam lub z rodziną w każdą niedzielę po lasku Rambouillet, by napawać się pięknem przyrody w czasie, kiedy inni robili zakupy.

CYTATY:

„Jeśli coś jest warte zrobienia, to warto to zrobić dobrze".

„Lepiej być numerem 2, bo kiedy jest się numerem 2, to chce się zostać numerem 1".

„Jest wiele do zrobienia dla następnego pokolenia, a nawet trzeciego i czwartego, jeśli tylko zechcą pójść tą samą drogą".

„Wielkość naszego ojca to podejmowanie właściwych decyzji we właściwym czasie" (Jean--Charles Decaux).

Maksyma życiowa Jeana-Claude'a Decaux: „Odważni nie żyją długo, ale ostrożni wcale" (Richard Branson).

ŹRÓDŁA I INSPIRACJE:

http://www.jcdecaux.com.pl/jcd_przyjazni_srodowisku.php.
http://www.jcdecaux.com.pl/jcd_w_polsce.php.
Jean-Claude Decaux à l'inauguration Vélib, https://www.youtube.com/watch?v=0w2aKeu4StA.
JCDecaux, https://www.youtube.com/watch?v=72_pcCV79rM.
Jean-François Decaux (ISG promo 82), parrain de la promotion 2008, https://www.youtube.com/watch?v=8vZMBfSUU0Y.
Berenberg European Conference in Penny Hill, https://www.youtube.com/watch?v=5AoFqSZf_LU.
Jean-Claude Decaux, l'inventeur de l'Abribus, est mort à l'âge de 78 ans, „Le Monde", https://www.lemonde.fr/disparitions/article/2016/05/27/jean-claude-decaux-l-inventeur-de-l-abribus-est-mort-a-l-age-de-78-ans_4927980_3382.html.

Jean Claude Decaux et sa femme à Paris en novembre 2004, Pure People, http://www.purepeople.com/article/mort-de-jean-claude-decaux-l-inventeur--milliardaire-de-l-abribus_a186418/1.

Marie-Pierre Gröndahl, *Jean-Claude Decaux, le conquérant*, https://www.zonebourse.com/barons--bourse/Jean-Claude-Decaux-18/biographie.

Aleksandre Deboute, *Père de l'Abribus, Jean-Claude Decaux est décédé à 78 ans*, „Le Figaro", https://www.lefigaro.fr/medias/2016/05/27/20004--20160527ARTFIG00332-le-groupe-jcdecaux--perd-son-fondateur.php.

Disparition : les hommages à Jean-Claude Decaux, figure de Plaisir, https://www.youtube.com/watch?v=SPBYZFkTk8o.

Jean-Claude Decaux, le conquérant, Paris Match, http://www.parismatch.com/Actu/Economie/Jean-Claude-Decaux-le-conquerant-983485.

JCDecaux Innovate International 2014, https://www.youtube.com/watch?v=Gw0Gfp5LVgQ.

❋

John Paul DeJoria

(1944-)

amerykański biznesmen i filantrop, założyciel dwóch globalnych firm John Paul Mitchell Systems i Patron Spirits Company, jego prywatny majątek jest wyceniany na ponad cztery miliardy dolarów
(dane z 2016 roku)

Od najmłodszych lat zmagał się przeciwnościami losu. Jako dziewięciolatek pracował od czwartej rano, roznosząc gazety. Jako nastolatek był członkiem ulicznego gangu na przedmieściach Los Angeles. Kilka lat spędził w rodzinie zastępczej, bo jego samotna matka nie była w stanie utrzymać jego i brata. Do czterdziestki był dwa razy bezdomny. Aby zarobić pieniądze na jedzenie, zbierał na ulicach butelki. Nigdy się nie poddał. Mając 350 dolarów w kieszeni, rozpoczął produkcję szamponu i jego sprzedaż w salonach fryzjerskich. Obecnie jest jednym z najbogatszych Amerykanów. Zawsze pamięta o potrzebujących, bo jak mówiła jego mama, gdy byli biedni: „Kiedy wydaje Ci się, że nie masz nic, to i tak znajdzie się ktoś, kto ma jeszcze mniej od Ciebie. Rozglądaj się uważnie, bo zawsze możesz pomóc".

John jest synem włoskiego emigranta i Greczynki. Dorastał na przedmieściach Los Angeles w biedzie. Jego ojciec porzucił rodzinę, gdy John miał dwa lata. Jako dziewięciolatek, wraz ze starszym bratem, roznosił gazety. Chłopcy wstawali codziennie o czwartej rano, robili kilkukilometrową rundę po okolicznych domach, a następnie szli do szkoły. Obaj zajmowali się również sprzedażą kartek świątecznych. Obserwując początek życia Johna, można by powiedzieć, że od najmłodszych lat przejawiał żyłkę do biznesu. Ale czy tak było naprawdę? Po prostu musiał pracować, aby trzyosobowa rodzina mogła przeżyć z dnia na dzień. Niestety, nie było łatwo i nawet pomoc synów okazała się niewystarczająca.

Pewnego piątkowego popołudnia mama chłopców wróciła z pracy i powiedziała: „Tak mówiąc między nami, mam tylko 27 centów w kieszeni, ale mamy lodówkę pełną jedzenia, piękny ogródek z tyłu domu i jesteśmy szczęśliwi, więc jesteśmy bogaci". To optymistyczne podejście do świata, które John odziedziczył po mamie, prowadziło go przez całe życie i pozwoliło przetrwać w najtrudniejszych chwilach. Gdy John miał nieco ponad 10 lat, trafił wraz z bratem, decyzją służb socjalnych, do rodziny zastępczej, ponieważ mama nie była w stanie zapewnić im odpowiednich warunków do życia. To był trudny czas. Zbuntowany i sfrustrowany chłopak wstąpił do gangu ulicznego. Nie wiadomo, jak by się skończyła ta „przygoda", gdyby nie pewne zdarzenie, które go odmieniło. Nauczyciel matematyki w szkole średniej, do której chodził, zdenerwowany jego aroganckim zachowaniem powiedział: „Nigdy nie osiągniesz niczego w życiu!". Te słowa zapadły Johnowi głęboko w sercu. Z jednej strony strasznie zraniły, z drugiej zaś zmotywowały do zmiany. Postanowił udowodnić nauczycielowi, sobie samemu i całemu światu, że jest coś wart i da sobie radę.

Po ukończeniu szkoły średniej wstąpił do marynarki wojennej i dwa lata służył na lotniskowcu. Po powrocie do Los Angeles pracował m.in. na stacji benzynowej, był dozorcą w magazynach i agentem ubezpieczeniowym. Wkrótce zakochał się i ożenił. Na świat przyszedł jego syn. Niestety, młoda żona DeJorii sfrustrowana ciągłym brakiem pieniędzy i niepewną przyszłością zostawiła go z dwuletnim maluchem. Sytuacja była dramatyczna, bo John nie miał wtedy swojego mieszkania. Przez kilka dni mieszkał z dzieckiem na ulicy. Ulitowała się nad nim znajoma i zabrała go do swojego mieszkania. Aby zarobić na jedzenie, John sprzedawał znalezione na ulicach butelki. To był dramat! Najgorsze było to, że nie miał żadnych widoków na przyszłość.

W końcu udało mu się znaleźć pracę przy sprzedaży encyklopedii Coliera. Miał chodzić po domach od drzwi do drzwi i proponować zakup. Każdy, kto choć przez chwilę w swoim życiu wykonywał podobne zajęcie, wie, jakie to uczucie, gdy kolejne drzwi zatrzaskują się przed nosem. John jednak nie załamywał się i pukał do kolejnych. Jak powiedział po latach w jednym z wywiadów: „Ta praca nauczyła mnie kilku rzeczy, a najważniejsza z nich to nie załamywać się niepowodzeniami i iść dalej. Nawet gdy sto razy usłyszysz »nie«, nie oznacza to, że za sto pierwszym podejściem będzie tak samo" – opowiada. – „Trzeba być przygotowanym na odmowę i nie przejmować się nią". Po doświadczeniach ze sprzedażą „door to door" nic dla młodego DeJorii nie było już straszne. Nauczył się, jak sprzedawać. Ta wiedza stała się podstawą jego sukcesu w przedsięwzięciu, które zrealizował kilkanaście lat później. Drugą nauką wyniesioną z doświadczeń w sprzedaży bezpośredniej było to, że trzeba mieć „grubą skórę" i uodpornić się na chwilowe porażki. On uodpornił się tak skutecznie, że w 1966 roku został sprzedawcą roku w firmie handlującej encyklopediami! Poza satysfakcją z tytułu miał stałe źródło dochodu i mógł spokojniej patrzeć w przyszłość.

Sprzedaż encyklopedii nie była jednak spełnieniem marzeń młodego i ambitnego Johna. Pod koniec lat sześćdziesiątych zatrudnił się w firmie należącej do koncernu L'Oréal, która handlowała profesjonalnymi kosmetykami do salonów fryzjerskich. Branża mu się bardzo podobała, metody pracy firmy już mniej. Spędził tam jakiś czas, zapoznając się z rynkiem i budując kontakty w branży. Kilka lat później pojawiła się okazja, by doświadczenia wykorzystać już na własną rękę. W 1971 roku John poznał Paula Mitchella, genialnego fryzjera i stylistę włosów, z którym uruchomił w 1980 roku swój flagowy biznes John Paul Mitchell Systems, firmę kosmetyczną produkującą szampony, odżywki i kosmetyki przeznaczone dla profesjonalnych salonów fryzjerskich. Start biznesu poprzedziła dziewięcioletnia znajomość obu panów, która przerodziła się w przyjaźń. Z „gigantyczną" kwotą 700 dolarów uruchomili produkcję szamponów. John wydał na start wszystkie swoje pieniądze i znowu wylądował na bruku... Na szczęście, w samochodzie mieszkał „tylko" dwa tygodnie – do czasu, gdy pojawiły się pierwsze pieniądze ze sprzedaży kosmetyków.

Od samego początku John i Paul wyróżniali się na rynku, ponieważ stosowali nieznane w tej branży metody marketingowe, a także zdecydowali się podjąć ryzyko związane z testowaniem w salonach swoich produktów. Jeśli chodzi o metody marketingowe, stawiali na sprzedaż w systemie od drzwi do drzwi, korzystając z doświadczeń Johna z okresu handlowania encyklopediami. John poznał wszystkie możliwe strategie sprzedaży bezpośredniej i w tego typu kontaktach czuł się jak ryba w wodzie. W ten sposób procentowały lata wielu niepowodzeń, gdy zatrzaskiwano mu drzwi przed nosem oraz ciężkiej pracy, ciągłej nauki i doskonalenia swojego warsztatu sprzedawcy. Drugim fundamentem ich sukcesu była nietypowa, „ryzykowna" gwarancja satysfakcji, jaką dawali fryzjerom – zostawiając zestaw kosmetyków w salonie, mówili do właściciela: „Zapłacisz nam za nie tylko w jednym przypadku – gdy wszystko się sprzeda".

Klienci odwiedzający salony byli zachwyceni działaniem kosmetyków, szamponów i odżywek. Kupowali je masowo, a zadowoleni fryzjerzy stawali się stałymi odbiorcami produktów Johna i Paula. DeJoria, który dobrze poznał branżę, wiedział, z jakimi problemami borykają się fryzjerzy i postanowił, że jego pierwszy produkt – szampon do włosów – będzie odpowiedzią na te niedogodności. Szampon, który zawierał w sobie odżywkę do włosów, należało spłukać tylko raz, oszczędzając czas i pieniądze. Na dodatek fryzjerzy nie niszczyli sobie skóry na rękach, bo nie musieli osobno nakładać odżywki, gdyż ta była już w szamponie. Produkty Johna i Paula były znakomitej jakości, jednak zainteresowanie nimi wzmacniały elegancko zaprojektowane opakowania. Pierwsza linia szamponów i odżywek miała białe tubki i butelki z eleganckimi czarnymi napisami. Teraz nie byłoby to pewnie niczym szczególnym, lecz trzydzieści lat temu była to designerska nowość. Dopełnieniem popularności marki wśród fryzjerów była jeszcze jedna rzecz – wierność obietnicy. John obiecał wszystkim odbiorcom, że kosmetyki John Paul Mitchell dostępne będą tylko i wyłącznie w salonach fryzjerskich. Słowa dotrzymał. Do dziś produkty jego firmy można dostać tylko w profesjonalnych salonach. Nigdy nie kupimy oryginału w marketach czy aptekach. Zyskał tym ogromny szacunek w branży oraz lojalność swoich klientów. W kolejnych latach firma rozwijała się dynamicznie, wprowadzając kolejne nowości, które wymyślał John, uważnie obserwując rynek. Zawsze utrzymywał dobre kontakty z kontrahentami. Nawet dziś (2016), kiedy ma 72 lata i jest miliarderem, osobiście odwiedza kluczowych klientów. Co prawda, nie jeździ do nich samochodami, jak niegdyś, lecz lata w odległe zakątki globu swoim prywatnym odrzutowcem.

Idea takiego działania pozostała ta sama: być blisko klientów. Dzięki tej zasadzie John był zawsze krok przed konkurencją, a firma zdobyła zasięg globalny. W 1993 roku John Paul Mitchell Systems sprzedawał swoje produkty w trzydziestu krajach na pięciu kontynentach. Wcześniej, bo w roku 1989, John kupił 70 procent udziałów w firmie produkującej tequilę i zadebiutował w zupełnie nowej dla siebie branży. Jego recepta na sukces była podobna, jak w przypadku kosmetyków fryzjerskich: „Zawsze chcę oferować klientom to, co najlepsze. Naszym celem było wyprodukowanie najdelikatniejszej tequili pod słońcem, tak by nikt na drugi dzień po jej wypiciu nie czuł się źle" – opowiadał w wywiadzie dla „Forbesa" w 2011 roku. – „Aby odnieść sukces musisz kochać ludzi, kochać swój produkt i kochać to, co robisz". Po sukcesach w dwóch branżach John rozszerzał systematycznie działalność o kolejne. Ma udziały w firmach z branży rozrywkowej (sieć night-clubów), przemyśle energetycznym (między innymi w firmach zajmujących się pozyskiwaniem energii słonecznej), motoryzacyjnym (w sieci salonów sprzedaży motocykli Harley Davidson) oraz komputerowym i jubilerskim (uruchomił firmę jubilerską DeJoria Diamonds). Jego prywatny majątek wyceniany jest na około cztery miliardy dolarów (dane z 2016 roku). Mimo że John Paul DeJoria jest osobą publiczną, pilnie strzeże swojej prywatności. Wiadomo, że na początku lat siedemdziesiątych ubiegłego stulecia był żonaty i w 1972 roku urodził mu się syn. Oprócz niego ma jeszcze pięcioro dzieci. Najmłodszy John Anthony jest owocem związku z supermodelką i dziewczyną „Playboya" Eloise DeJoria, którą poślubił w 1993 roku. Jeśli chodzi o dzieci z poprzednich związków, to córka Michaline zasiada w zarządzie fundacji Baby2Baby, zajmującej się pomocą dla potrzebujących amerykańskich dzieci, a druga córka Alexis DeJoria jest kierowcą rajdowym.

Czego możemy nauczyć się od człowieka, który po tym jak dwa razy był bezdomny, doszedł do ogromnego majątku? Po pierwsze tego, że należy zaczynać w miejscu, gdzie jesteśmy i z tym, co mamy. On wystartował, mając zaledwie 700 dolarów na spółkę z przyjacielem. Po drugie, należy wierzyć w to, co się robi. John podkreśla to w wywiadach: „Musisz wierzyć w swój produkt, kochać swoją pracę i kochać ludzi". Po trzecie, powinniśmy zrozumieć, że na rozwój potrzeba czasu. Nie można przejadać wszystkich zysków, lecz reinwestować zarobione pieniądze. „Jeśli masz już z czego zapłacić rachunki, to jesteś na dobrej drodze" – mówi John. Po czwarte, musisz być gotowy na ciężką pracę i zdeterminowany do osiągnięcia sukcesu. „Po prostu załóż sobie, że go odniesiesz" – radzi. Po piąte, wyznaczaj sobie ambitne i realne cele, a potem za wszelką cenę zmierzaj do nich. I ostatnia rada od miliardera z Los Angeles: „Sukces, którym się nie dzielisz, to porażka". Zatem pomagaj innym ludziom. Angażuj się w przedsięwzięcia charytatywne. Nie bądź obojętny na los innych ludzi. Rozejrzyj się wokoło i… zmieniaj świat na lepszy.

KALENDARIUM:

13 kwietnia 1944 – narodziny Johna Paula DeJoria w Echo Park na przedmieściach Los Angeles
1953 – pierwsza praca roznosiciela gazet i sprzedawcy kartek świątecznych; zarobione pieniądze John oddaje mamie

1962 – służba w marynarce wojennej Stanów Zjednoczonych na lotniskowcu Hornett
1964 – po powrocie do LA John pracuje na stacji benzynowej, jako dozorca w magazynach oraz jako agent ubezpieczeniowy, a w końcu jako sprzedawca encyklopedii
1966 – w uznaniu za największą sprzedaż zostaje człowiekiem roku w firmie handlującej encyklopediami
1971 – poznaje Paula Mitchella, mistrza fryzjerstwa ze Szkocji; zaprzyjaźniają się
1972 – John ma pierwszego syna
1980 – za 700 dolarów zakłada wraz z Paulem Mitchellem firmę John Paul Mitchell Systems produkującą i handlującą kosmetykami do pielęgnacji włosów
1981 – narodziny córki Alexis, która zostanie kierowcą rajdowym
1989 – na raka umiera wspólnik Johna Paul Mitchell; John otwiera firmę produkującą „najłagodniejszą tequilę" na świecie – firma nazywa się Patron Spirits Company
1991 – całe Stany poznają Johna Paula DeJorię, któ-

ry bierze udział w programie telewizyjnym „Lifestyle of Rich and Famous" prezentującym inspirujące historie ludzi, którzy donieśli spektakularne sukcesy w różnych dziedzinach życia

1993 – John żeni się z Eloise, playmate Playboya z 1988 roku; z tego małżeństwa ma syna

2001 – John otwiera pierwszą szkołę kształcącą profesjonalnych fryzjerów; obecnie na terenie USA jako ponad 100 takich szkół

2003 – John Paul Mitchell Systems debiutuje na nowojorskiej giełdzie papierów wartościowych

2007 – biznesmen angażuje się w projekt ochrony lasów deszczowych w Gwatemali, gdzie znajdują się największe i najstarsze miasta starożytnej cywilizacji Majów

2009 – John otrzymuje tytuł Ambasadora Dobrej Woli przyznany mu przez Organizację Narodów Zjednoczonych w uznaniu jego zasług dla wsparcia projektów „zrównoważonych rozwiązań energetycznych"

2010 – uruchamia fundację, która koordynuje współpracę z innymi organizacjami charytatywnymi; fundacja nosi nazwę JP's Peace, Love and Happiness Fundation

CIEKAWOSTKI:

- Działalność charytatywna jest jedną z najważniejszych dziedzin jego życia. John wspiera ogromnymi kwotami organizację Food4Africa, która dostarcza posiłki afrykańskim sierotom. Wspomaga budowę ogrodów, w których najbiedniejsi mieszkańcy surowych gór Appalachów uprawiają zdrową żywność. Ma nadzieję, że uda mu się w ten sposób wyżywić połowę populacji tego regionu, czyli około 100 000 ludzi! Pomaga finansowo amerykańskim fundacjom prozdrowotnym zajmującym się wczesnym wykrywaniem raka. Za swoją działalność dobroczynną otrzymał wiele nagród i wyróżnień.
- DeJoria bardzo dba o zatrudnianie właściwych pracowników. Przede wszystkim szuka ludzi z „sercem do pracy". Potrafi zaakcepto-

wać fakt, że czegoś nie umieją, ale nie akceptuje byle jakości. Za solidną pracę wynagradza bardzo hojnie. Taka polityka przynosi efekty. W ciągu ponad 30 lat działalności firmy z pracy odeszło zaledwie 30 osób. John Paul Mitchell System zatrudnia o wiele mniej pracowników niż porównywalna firma z branży, ponieważ jego ludzie są zmotywowani do pracy, a co za tym idzie bardzo wydajni.

CYTATY:

„Jeśli ten pociąg Ci nie odpowiada, wysiądź z niego. Jeśli w nim zostaniesz, zamkniesz się na nowe doświadczenia".

„Sukces, którym się nie dzielisz z innymi, jest porażką".

„Wielu ludzi z jakiegoś powodu nie lubi siebie samych. Pokochaj siebie, a staniesz się szczęśliwym człowiekiem".

„Gdy zatrzasną się przed Tobą dziesiąte drzwi z kolei, przejdź do jedenastych z entuzjazmem i uśmiechem na twarzy".

„Nigdy nie odejdę na emeryturę, bo uwielbiam pracę".

„Sukces odniesiesz, dobrze wykonując swoją pracę także wtedy, gdy nikt na Ciebie nie patrzy".

ŹRÓDŁA I INSPIRACJE:

Biografia DeJoria na oficjalnej stronie internetowej firmy John Paul Michell System: https://www.paulmitchell.com/our-story/our-company/john-paul-dejoria-bio.
Wywiad telewizyjny z Johnem na portalu internetowym handshaking.com: http://www.handshakin.com/john-paul-dejoria-billionaire-and-philanthropist-handshakin-interview.html.
Reportaż o życiu Johna i Eloise DeJoria w Austin, w Australii: http://www.austinfitmagazine.com/

December-2011/At-Home-with-John-Paul-and--Eloise-DeJoria-4.
Sylwetka Johna Paula DeJoria w internetowym wydaniu czasopisma „Forbes": http://www.forbes.com/sites/robertreiss/2011/06/03/from-homeless-to-billionaire-2/#56d1f7bd4d9f.

Walt Disney
(właśc. Walter Elias Disney)

(1901-1966)

amerykański producent filmów animowanych, reżyser, scenarzysta, animator, aktor dubbingowy i wizjoner, twórca słynnych parków rozrywki Disneyland

Na świecie żyje niewiele osób, które nigdy nie słyszały o Disneyu. Czy jest jakieś dziecko, które nie marzyłoby o podróży do Disneylandu? Stworzone przez Walta Disneya postaci, jak Myszka Miki, Pies Pluto czy Kaczor Donald, zawładnęły dziecięcą wyobraźnią, przyniosły mu miłość widzów i nieśmiertelność. Dały także wiele nagród, odznaczeń i wyróżnień. Aż 59 razy był nominowany do Oscara, z czego otrzymał 22 zwykłe statuetki i 4 honorowe. Jest jedynym twórcą, który zdobył cztery Oscary w ciągu jednej gali (we wszystkich kategoriach, do których był nominowany). Oprócz honorów Disney dorobił się także fortuny. Był jak król Midas – zamieniał w złoto wszystko, czego dotknął. W latach sześćdziesiątych został władcą imperium finansowego. Stworzona przez niego firma Walt Disney Productions, znana obecnie pod nazwą Walt Disney Company, jest dziś największą korporacją medialną świata. Przynosi ponad 3 miliardy dolarów zysku rocznie.

Co sprawiło, że Walt Disney osiągnął tak ogromny sukces? Na początku nic na to nie wskazywało. Przyszedł na świat w biednej rodzinie. Jego ojciec nigdzie nie mógł zagrzać na dłużej miejsca, zmieniał posady i adresy, wciąż zaciągając nowe długi. Wędrował po całym kraju w poszukiwaniu lepszego losu, ciągnąc za sobą rodzinę i odreagowując na niej swoje niepowodzenia. Dla piątki dzieci (czterech synów i jednej córki) był bardzo surowy, ale to Walt stał się jego kozłem ofiarnym – zwłaszcza na nim wyładowywał swą złość. Za każde nieposłuszeństwo karał go chłostą. Mały chłopiec nie miał szczęśliwego dzieciństwa. Czuł się gorszy od innych, niekochany. Jedynym pocieszeniem był dla niego starszy brat Roy i... marzenia. Te marzenia napędzały go przez całe życie. Nadały mu sens. Dodały siły i skuteczności jego działaniom. Przez całe życie, również zawodowe, wspierał go też Roy.

Walt zakończył edukację w wieku 16 lat. Nie osiągał zbyt dobrych wyników w nauce – nie miał do tego głowy. Ciągle był niewyspany, nie mógł się skoncentrować. Wstawał już o trzeciej rano, żeby roznieść gazety. Musiał finansowo wspomagać rodzinę. Planował jednak dalszą naukę i dostał się nawet do Kansas City Art School. Od dziecka bowiem świetnie rysował. Dzięki temu zajęciu tworzył inny świat, piękniejszy niż ten rzeczywisty. Na rysowanie przeznaczał każdą wolną chwilę. Doskonalił swój talent, nie przeczuwając jeszcze, że przyniesie mu on wolność materialną i sławę. Pierwszego dolara zarobił, rysując ulubionego konia doktora Sherwooda. Swoje rysunki sprzedawał też innym sąsiadom, a nawet gazetom. Zamiary kontynuowania nauki szkolnej przerwała jednak I wojna światowa. Disney zaciągnął się do Czerwonego Krzyża jako kierowca ambulansu we Francji. Na swojej karetce narysował kreskówkową postać.

Do domu wrócił w 1919 roku. Wrócił też do zarobkowania rysownictwem. Wraz z przyjacielem, genialnym rysownikiem Ubem Iwerksem, zajął się produkcją reklamówek dla kin, ale jego głowa pełna już była innych marzeń, związanych właśnie z X muzą, czyli kinem. Wymyślił, że będzie twórcą filmów rysunkowych, choć w tamtym czasie było ich niewiele i nie cieszyły się popularnością. Patrząc na to z dzisiejszej perspektywy, można zaryzykować twierdzenie, że odkrył niezagospodarowaną niszę i postanowił ją wykorzystać. Co to oznaczało? Na początek trudności i zdecydowanie się na los samouka bazującego głównie na własnym doświadczeniu, bo dziedzina filmu, której zamierzał się poświęcić, dopiero raczkowała.

W końcu w 1923 roku postanowił wyjść swoim marzeniom naprzeciw. Z czterdziestoma dolarami i rozpoczętym filmem rysunkowym w starej walizce wyruszył do Hollywood. Ale tam nie chciało go zatrudnić żadne studio filmowe. Nie potrzebowano ani animatorów, ani reżyserów, tym bardziej „zielonych", bez doświadczenia. To go jednak nie zraziło. W garażu stryja założył własne laboratorium, w którym – znów wraz z Ubem – zaczął tworzyć filmy o Alicji, małej dziewczynce podróżującej do świata aminków, w technice mieszanej, zdjęciowo-animowanej. Nauczył się tego, podpatrując prace prekursorów animacji. Finansowaniem filmów zajęli się Margaret Winkler, jedna z najważniejszych postaci ówczesnego świata kreskówek, i brat Walta Roy Disney, który w tym czasie był już bankierem w Los Angeles. Bracia zostali partnerami na całe życie. Założyli wspólnie firmę Disney Brothers Studio Productions, przemianowaną później na Walt Disney Company. Walt miał wtedy 22 lata.

Filmy o Alicji cieszyły się powodzeniem wśród publiczności, ale dopiero następny projekt – o króliku Oswaldzie – przyniósł Waltowi prawdziwą popularność. Nie przełożyło się to niestety na sukces finansowy. Okazało się, że Winkler pozbawiła Disneya wszystkich praw autorskich. To jednak nie zatrzymało Walta. Niemal natychmiast wymyślił kolejnego bohatera – Myszkę Miki. Poprzeczkę postawił sobie jeszcze wyżej. Mimo niezbyt udanych prób udźwiękowienia filmów animowanych (skoordynowanie obrazu z dźwiękiem nastręczało wiele trudności), Disney postanowił pójść w tym kierunku. Studiował dotychczasowe osiągnięcia filmu dźwiękowego i wraz ze swoją ekipą wynajdował nowe rozwiązania. Twórczo rozwijał pomysły poprzedników i uczył się na własnych błędach. Ta pasja tworzenia i ciągłej nauki opłaciła się. Po raz pierwszy w historii kreskówek animowana postać przemówiła. I to głosem samego Disneya! Film *Willie z parowca* z 1928 roku, w którym pojawiła się gadająca mysz, przyniósł braciom Disney ogromną sławę w Hollywood. A także sukces finansowy. Tym razem prawa do postaci należały do Disneya, z czego umiejętnie skorzystał, wymyślając niezliczoną liczbę gadżetów z jej wizerunkiem, które zwielokrotniły zyski. Tego także nauczył się sam, wyciągając wnioski z zakończonej niezbyt przyjemnie współpracy z Margaret Winkler.

Od tego czasu Walt Disney odnosił sukces za sukcesem. Pojawianie się kolejnych Disneyowskich postaci – Kaczora Donalda, Psa Pluto i innych – przyniosło wytwórni i jej właścicielom trwałą sympatię publiczności. Każde spełnione marzenie napędzało Disneya do snucia kolejnych, które śmiało wykraczały w przyszłość.

Każde osiągnięcie dodawało mu odwagi i otwierało drogę do dokonań, które wydawały się poza granicami możliwości. Zdobyte doświadczenie i nowe umiejętności pozwalały realistycznie ocenić nowe pomysły, których miał pełną głowę. Pierwsza dźwiękowa kreskówka to pierwsza, ale nie ostatnia z jego innowacji i oryginalnych projektów. Disney stworzył też pierwszą kolorową kreskówkę (nagrodzony Oscarem film *Kwiaty i drzewa*), a także pierwszy amerykański pełnometrażowy film animowany *Kró-*

lewna Śnieżka i siedmiu krasnoludków. To było śmiałe marzenie, w które niewiele osób poza nim wierzyło. Wróżono mu bankructwo. On jednak z determinacją przystąpił do działania. Znowu wszystko miał przemyślane i przestudiowane. Znowu – jak zawsze, gdy zaczynał pracę nad nowym projektem – zwołał cały zespół, by opowiedzieć o swoim pomyśle. Tym razem jednak przeszedł sam siebie. Brawurowo odegrał każdą postać. Wszyscy wstali i bili mu brawo. Współpracownikom nie zostało nic innego, jak podążyć za nim. Film odniósł wielki sukces frekwencyjny i artystyczny.

Wydawało się, że w filmie animowanym Disney osiągnął wszystko. Czy mógł zdobywać kolejne doświadczenia, znaleźć jeszcze jakieś nieprzetarte szlaki, nauczyć się czegoś jeszcze? Okazało się, że tak. Postanowił zrealizować film, w którym połączy animację i aktorstwo. Miały to być przygody niezwykłej niani Mary Poppins. Latami starał się o nabycie praw do tej książki, ba, obiecał film swoim córkom, a kiedy w 1964 roku obraz był gotowy, okazał się prawdziwym przebojem.

Walt był perfekcjonistą. Zatrudniał najlepszych rysowników, kompozytorów, techników. Dbał osobiście o najmniejsze szczegóły. Wybudował nowoczesne, komfortowe studio, by stworzyć pracownikom idealne warunki pracy. Niestety, idealne warunki pracy nie oznaczały idealnej współpracy. Disney z jednej strony chciał, by młodsi nazywali go wujkiem, powtarzał, że firma jest jedną wielką rodziną. Z drugiej strony zachowywał się jak pan i władca. Jego podwładni nazywali układy panujące w studiu „waltarytaryzmem". Zmienne nastroje, nerwowość tytana pracy i oczekiwanie, że ludzie będą pracować do późnej nocy bez urlopów i świąt, stawały się nie do zniesienia. W końcu pracownicy założyli związek zawodowy, a w 1941 roku ogłosili strajk. Disney wpadł w szał. Sytuację załagodził dopiero jego brat Roy, który Walta wysłał na wakacje, a w czasie jego nieobecności dogadał się z pracownikami. Pasja i chęć tworzenia przerodziła się w obsesyjny pracoholizm, który stłumił empatię i zrozumienie, bez których nie można stworzyć dobrych relacji z pracownikami.

Jednak empatii i zrozumienia nigdy nie zabrakło mu w domu, w stosunku do córek. Może dlatego, że do bycia ojcem doszedł z takim trudem? Marzył o dzieciach, w listach pisanych do matki zwierzał się, że chciałby mieć ich sporą gromadkę. Ale to okazało się niemożliwe. Ożenił się już w 1925 roku z pracującą w jego firmie Lilian Bounds. Miał 24 lata, a Lilian znał zaledwie kilka miesięcy. Kiedy pierwsza ciąża żony po wielu latach małżeństwa zakończyła się poronieniem, przeżył głębokie załamanie. Wyczekiwane dziecko, córka Diane Marie, pojawiło się na świecie dopiero po ośmiu latach od dnia ślubu. I było jedynym biologicznym dzieckiem pary. Kilka lat później Disneyowie adoptowali dziewczynkę Sharon Mae. Był to pomysł żony, któremu Walt na początku długo się opierał z powodu swoich obaw – przez całe życie podejrzewał, że sam był adoptowanym dzieckiem i ta obsesja mocno wpłynęła na jego życie. W końcu jednak uległ żonie i ta decyzja była jedną z lepszych w jego prywatnym życiu. Sharon stała się jego ulubienicą. Nawet sam ubierał i czesał dziewczynkę, co w ówczesnych czasach było rzadko spotykane. A starsza Diane wspominała po latach: „Ojciec pozwalał nam na wszystko, na co miałyśmy ochotę. Dał nam swobodę, ale nas nie rozpuszczał". Rodzina była dla Disneya bardzo ważna. Dzięki niej miał energię i siłę do pracy. Zresztą rodzina intensywnie i z pasją brała w niej udział. To żonie Disneya słynna Myszka Miki zawdzięcza swoje imię – właśnie Lilian je wymyśliła.

Oprócz animowanych filmów krótko- i długometrażowych Walt Disney tworzył również filmy dokumentalne, instruktażowe (na przykład w czasie wojny) czy fabularne. Był także jednym z pierwszych producentów telewizyjnych. Telewizja była kolejną technologią, którą wykorzystywał w swojej działalności. Był twórcą popularnych programów: „Klub Myszki Miki" oraz „Cudowny świat Walta Disneya". Miał także wiele pomysłów biznesowych, związanych ze sprzedażą gadżetów z postaciami z filmów.

Jednak pod koniec życia Disney coraz mniej czasu poświęcał filmom. Podążył za kolejnym wielkim marzeniem, obszarem nieznanym, niezagospodarowanym przez nikogo. Zapragnął stworzyć park rozrywki, w którym znalazłyby się wszystkie wymyślone przez niego postacie. Czy chciał w ten sposób podsumować dzieło swojego życia i zobaczyć, jaki sukces osiągnął? A może raczej wynikało to z tęsknoty za szczęśliwym dzieciństwem, którego nigdy nie miał? W każdym razie wolał zdobywać nowe doświadczenia, niż stać w miejscu i odcinać kupony od dotychczasowych sukcesów. Po nieudanej próbie przekonania zarządu do sfinansowania nowego projektu zainwestował w niego własne oszczędności i w 1955 roku uruchomił Disneyland w Anaheim w Kalifornii. Ta inwestycja, jak wiele poprzednich przedsięwzięć Disneya, znacznie przekroczyła zaplanowany budżet – zamiast pięciu milionów dolarów koszt budowy wyniósł siedemnaście. Ale przekroczone zostały także kalkulacje ekspertów dotyczące zainteresowania parkiem. W pierwszym tygodniu odwiedziło go aż sto siedemdziesiąt tysięcy osób. To był prawdziwy sukces.

W centrum parku Walt odtworzył salon, jaki miał w swoim pierwszym domu. Przesiadywał tam godzinami, patrząc na śmiejące się dzieci. I zaczął marzyć o jeszcze większym parku. Zakupił sto dziewięć hektarów ziemi na południu Florydy. Pragnął tam stworzyć świat doskonały – prototyp miasta przyszłości, którego mieszkańcy mieli testować technologie służące poprawie jakości ludzkiego życia i zdrowia. Nie udało mu się jednak skończyć tego projektu. Zmarł, ale jego marzenie zostało zrealizowane w 1971 roku. To wtedy otwarto na Florydzie park rozrywki, choć nie jest on chyba dokładnie tym, czego pragnął Walt.

Śmierć Walta Disneya nie przerwała ekspansji przedsiębiorstwa. Firma nie przestała istnieć. Co więcej, rozwija się do dzisiaj i produkuje wciąż kolejne hity. Obecnie Walt Disney Company zarządza między innymi wytwórniami filmowymi, kanałami telewizyjnymi, wieloma sklepami, supermarketami, stacjami radiowymi, a także parkami rozrywkowymi: Disneylandem i Disneyworldem w USA, Disneylandem w Tokio, Disneylandem pod Paryżem. Sukcesy *Króla Lwa*, *Pocahontas*, *Dzwonnika z Notre Dame* i wielu innych filmów świadczą o doskonałej kondycji

Disneyowskiego imperium. Gdy dziś patrzy się na tego produkcyjnego giganta, aż trudno uwierzyć, że stworzył go jeden człowiek – Walt Disney – którego napędzała chęć zdobywania nowej wiedzy i nowych doświadczeń.

KALENDARIUM:

5 grudnia 1901 – narodziny Walta Disneya
1920 – założenie pierwszego studia animacji wraz z Ubem Iwerksem
1923 – przyjazd do Hollywood i rozpoczęcie produkcji filmów o przygodach Alicji
1923 – powstanie Disney Brothers Studio Productions
1925 – ślub z Lillian Bounds
1928 – dźwiękowa animacja z Myszką Miki *Steamboat Willie*
1932 – Oscar za *Kwiaty i drzewa*, Oscar honorowy
1933 – narodziny córki Diane Marie
1934 – Oscar za *Trzy małe świnki*
1934 – Oscar za Żółwia i zająca

1936 – adoptowanie Sharon Mae, Oscar za *Trzy małe kotki*
1937 – Oscar za *Kuzyna ze wsi*
1938 – Oscar za *Stary młyn*
1939 – Oscar honorowy za *Królewnę Śnieżkę i siedmiu krasnoludków*, Oscar za *Byczka Fernando*
1940 – Oscar za *Brzydkie kaczątko*
1942 – Oscar za *Pluto i kotka*, Oscar honorowy za *Fantazję*
1943 – Oscar za *Der Fuehrer's Face*
1949 – Oscar za *Seal Island*
1951 – Oscar za *Beaver Valley*
1952 – Oscar za *Nature's Half Acre*
1953 – Oscar za *Water Birds*
1954 – Oscary za: *Bear Country*, *Przygody z muzyką*, *Żyjącą pustynię*, *The Alaskan Eskimo*
1955 – uruchomienie Disneylandu w Anaheim w Kalifornii, Oscar za *Ginącą prerię*
1956 – Oscar za *Men Against the Arctic*, BAFTA za *Zakochanego kundla*
1959 – Oscar za *Grand Canyon*
1962 – BAFTA za *101 Dalmatyńczyków*
15 grudnia 1966 – śmierć Walta Diseya

DŁUGOMETRAŻOWE FILMY ANIMOWANE:

- *Królewna Śnieżka i siedmiu krasnoludków* (1937)
- *Pinokio* (1940)
- *Dumbo* (1941)
- *Bambi* (1942)
- *Kopciuszek* (1950)
- *Alicja w Krainie Czarów* (1951)
- *Piotruś Pan* (1953)
- *Zakochany kundel* (1955)
- *Śpiąca królewna* (1959)
- *101 dalmatyńczyków* (1961)
- *Miecz w kamieniu* (1963)
- *Księga dżungli* (1967)

DŁUGOMETRAŻOWE FILMY AKTORSKIE:

- *Victory Through Air Power* (1943)
- *So Dear to My Heart* (1949)
- *20 000 mil podmorskiej żeglugi* (1954)
- *Johnny Tremain* (1957)

- *Latający profesor* (1961)
- *Rodzice miejcie się na baczności* (1961)
- *Włóczęgi północy* (1961)
- *Dzieci kapitana Granta* (1962)
- *Mary Poppins* (1964)

CIEKAWOSTKI:

- Kiedy Walt postanowił wstąpić do wojska, ze zdumieniem odkrył, że w archiwum w Chicago na jego akcie urodzenia widnieje o rok wcześniejsza data niż ta, którą znał. Wtedy pierwszy raz pomyślał, że został adoptowany. To wyjaśniało nie tylko niechęć jego ojca, ale i brak podobieństwa fizycznego do reszty rodziny. Myśl o adopcji towarzyszyła mu do końca życia i negatywnie wpływała na jego wybory. W 1936 roku wykorzystał tę słabość John Edgar Hoover, dyrektor FBI. Walt miał 35 lat i był bardzo sławny. Łakomy kąsek dla wywiadu. Czy Hoover blefował, czy też znał tajemnice rodziny? Nie wiadomo. Wiadomo natomiast, że w 1941 roku Disney wszedł w szeregi tajnych agentów FBI, najpierw jako informator, a później korespondent, i do końca życia szpiegował na rzecz Biura. W latach 30. i 40. wielu aktorów oraz pracowników Hollywoodu miało poglądy prokomunistyczne. Na początku zimnej wojny powstała tak zwana czarna lista Hollywoodu zakazująca pracy takim osobom w przemyśle filmowym. Dzięki Disneyowi znacznie się poszerzyła, między innymi o nazwisko genialnego Charliego Chaplina. W 1954 roku Walt został nawet mianowany superszpiegiem. Po raz pierwszy treść donosów Disneya opublikował w swej obrazoburczej biografii Marc Eliot. Książka burząca cukierkowy wizerunek ojca Myszki Miki wywołała gorący sprzeciw. „New York Times" napisał jednak: „nie istnieje żadna wątpliwość, że materiał przedstawiony przez Eliota jest prawdziwy".

- Podczas produkcji filmu *Bambi* Disney zorganizował w studiu małe zoo złożone z królików, kaczek, sów, skunksów i jeleni, by ar-

tyści mogli bezpośrednio obserwować ruch tych zwierząt.
- Disney zmarł na raka płuc. Przyczynił się do tego z pewnością fakt, że palił jednego papierosa za drugim. Został skremowany dwa dni po śmierci, a prochy rozsypano w Forest Lawn Memorial Park w Glendale. Tak twierdzi rodzina oraz przedstawiciele Walt Disney Company. Jednak legenda głosi coś innego. Podobno Walt Disney kazał się zamrozić. Wierzył w hibernację. Ponoć czeka w podziemiach budynku Piratów z Karaibów na rok 2066, w którym mają zostać przywrócone jego funkcje życiowe. Tak uważają nawet jego dwaj biografowie: Mosley i Eliot. Jaka jest prawda?
- Tworząc animowanych bohaterów, Disney pełnymi garściami czerpał z życia i świata kultury. Naprawdę świetnie się przy tym bawił. Prototypami gwiazd wymyślonych często były rzeczywiste gwiazdy filmu, muzyki czy innych dziedzin sztuk. Na przykład twarz Aladyna jest wzorowana na twarzy... Toma Cruise'a, a kudłaty kwartet sępów z *Księgi* dżungli na...

Beatlesach. Co prawda Lennon nie zgodził się na wykorzystanie swojego głosu w filmie, ale nie przeszkodziło to Disneyowi skopiować jego wygląd fizyczny.

CYTATY:

„Jeśli potrafisz o czymś marzyć, to potrafisz także tego dokonać".

„Sposobem na zaczęcie jest skończenie mówienia i podjęcie działania".

„My nie robimy filmów, by zarabiać pieniądze. My zarabiamy pieniądze, by móc robić więcej filmów".

„Jestem jak pszczółka, która zbiera pyłek i zapyla".

„Moja praca to sprawianie, by ludzie, a zwłaszcza dzieci, byli szczęśliwi".

ŹRÓDŁA I INSPIRACJE:

Bob Thomas, *Walt Disney. Potęga marzeń*, Dream Books, 2014.

Marc Eliot, *Walt Disney: Czarny Książę Hollywoodu*, Twój styl, 2005.

Leonard Mosley, *Disney's World*, Stein and Day, 1995.

Neal Gabler, *Walt Disney: The Triumph of the American Imagination*, Vintage Books, 2007.

Małgorzata Brączyk, *Walt Disney. Nieszczęśliwy milioner*, Focus.pl, http://historia.focus.pl/swiat/walt-disney-nieszczesliwy-milioner-485.

Michał Wąsowski, *Mroczna twarz Walta Disneya. Meryl Streep oskarżyła go o seksizm i antysemityzm. Jaka jest prawda o znanym rysowniku?*, NaTemat, http://natemat.pl/88157,mroczna-twarz-walta-disneya-meryl-streep-oskarzyla-go-o-seksizm-i-antysemityzm-jaka-jest-prawda-o-znanym-rysowniku.

Biografia na WP film: http://film.wp.pl/id,6484,name,Walt-Disney,osoba_biografia.html?ticaid=116491.

Walt Disney Family Museum: http://waltdisney.org/walt-disney.
http://waltdisney.fm.interiowo.pl.
Biografia na Wikipedii: https://pl.wikipedia.org/wiki/Walt_Disney.

Jack Dorsey

(ur. 1976)

amerykański programista i przedsiębiorca, współzałożyciel (obok Evana Williamsa, Christophera Stone'a i Noaha Glassa) i dyrektor generalny serwisu internetowego Twitter, współzałożyciel platformy płatniczej Square Inc.

Serwis społecznościowy Twitter ma obecnie miliony użytkowników. Wielu z nich zaczyna dzień od sprawdzenia tam najnowszych informacji. Krótkie teksty, filmiki czy komentarze pod postami znajomych zyskują każdego dnia nowych zwolenników tego typu porozumiewania się. Czy ktoś z użytkowników Twittera zastanawiał się jednak, jak rozpoczęła się moda na tweetowanie? Kto upowszechnił na cały świat nowy rozdział komunikacji społecznościowej, czyli natychmiastową komunikację posługującą się krótką informacją tekstową? Kim jest człowiek, który rozpętał tę rewolucję? Kim jest Jack Dorsey?

Jack od dziecka interesował się mapami i podróżami. Kilkuletni chłopiec, zamiast oglądać ulubione bajki lub kolekcjonować plakaty z pierwszymi sportowymi idolami, godzinami wpatrywał się w plany miast. Być może to nietypowe hobby wynikało z obowiązków jego ojca, inżyniera sprzętu medycznego otrzymującego oferty pracy w różnych częściach Stanów Zjednoczonych. Rodzina Dorseyów kilkakrotnie zmieniała domy w Saint Louis, gdzie urodził się Jack, a nawet na krótko przeprowadziła się do Denver. Chłopiec każdą przeprowadzkę zaczynał od dokładnego poznania terenu. Kupował mapę okolicy i do późnych wieczorów przemierzał samotnie ulice. Matka Jacka Marcia Dorsey tłumaczyła to zachowanie obroną przed nowym, nieznanym światem i obcymi ludźmi. Drugą pasją, która pochłaniała Jacka od dzieciństwa, były komputery. Potrafił całymi dniami nie wychodzić z pokoju i studiować jedną z pierwszych wersji IBM. Jeśli połączyć oba zajęcia, jakim poświęcał czas wolny od nauki, łatwo zrozumieć, że gdy otrzymał od rodziców pierwszy komputer, najpierw nauczył się tworzyć w prostym programie graficznym własne plany miast, na których umieszczał informacje o wypadkach i interwencjach podsłuchane na policyjnych i ratunkowych częstotliwościach radiowych. Celem Jacka, jeszcze jako nastolatka, stało się stworzenie mapy zachwycającego go Nowego Jorku, na której widać byłoby rzeczywiste w danym czasie przemieszczanie się wszelkich pojazdów pogotowania, straży pożarnej, policji, taksówek i temu podobnych.

Jako dziecko Jack był niezwykle cichy i spokojny. Mogło to wynikać z wrodzonych cech charakteru, ale w pewnej mierze też z przypadłości, z którą się zmagał. Problemem dorastającego chłopca było jąkanie. To ono utrudniało kontakty z rówieśnikami i powodowało, że Jack rzadko się odzywał. Jednak już wtedy w jego zachowaniu dało się zauważyć niezwykłą determinację i upór w pokonywaniu trudności, które w parze z młodzieńczą samodzielnością i odwagą sprawiały, że każda trudność stawała się po prostu wyzwaniem do pokonania. Dlatego Jack celowo zapisywał się na wszelkie konkursy oratorskie. Przygotowując się do nich, ćwiczył poprawną, wyraźną wymowę, a zmuszając się do publicznych wystąpień, pokonywał nieśmiałość i lęk przed ludźmi. Metoda zmagania się ze słabościami poprzez podnoszenie poprzeczki coraz wyżej i podejmowanie kolejnych wyzwań stała się z czasem dla Jacka sprawdzonym sposobem na pokonywanie problemów związanych z życiem osobistym i pracą.

Siła charakteru Dorseya ujawniała się z biegiem lat. W szkole średniej Jack był postrzegany jako zwyczajny uczeń. Nie wyróżniał się, nigdy nie wysuwał na pierwszy plan, a jednak konsekwentnie rozwijał swoje zainteresowania: grał w drużynie tenisowej, rysował, zajmował się historią sztuki i pisaniem artykułów do szkolnej gazety. Należał także do klubu informatycznego, ale chociaż traktował to zajęcie na równi z pozostałymi, wyraźnie wyróżniał się wśród rówieśników wiedzą na temat komputerów.

Początkowo Jack godził coraz większą umiejętność pisania programów komputerowych z pasją logistyki. Nie zapomniał o swoim pierwszym twórczym marzeniu. Wyzwaniem stało się dla niego stworzenie programu koordynującego pracę taksówek i firm kurierskich, które musiały pozostawać ze sobą w stałym kontakcie. Atlasy drogowe Jack zamieniał na format cyfrowy i za pomocą prototypu Internetu – Bulletin Board System, czyli elektronicznej mapy ogłoszeń, umieszczał na nich poruszające się po mieście obiekty. Taki program komputerowy mógł w dużym stopniu ułatwić pracę firm dystrybucyjnych i przewozowych. Jednak jaki sens miałby ten wysiłek, gdyby nie sprawdzono skuteczności działania programu? Pomysłowy nastolatek postanowił wypróbować swój patent w praktyce.

Właściciel jednej z firm taksówkowych w Saint Louis musiał mieć zdziwioną minę, gdy okazało się, że autorem oprogramowania służącego do obsługi klientów taksówek, które ułatwiłoby znacznie pracę w jego firmie, jest piętnastoletni ciemnowłosy chłopiec o jakby lekko naiwnym spojrzeniu niebieskich oczu. Zgodził się jednak przetestować program, po czym chętnie zainstalował go w swoim przedsiębiorstwie. Rozwiązania zaproponowane przez Jacka Dorseya znacznie ułatwiły codzienną pracę dystrybutorów. Do dzisiaj niektóre firmy taksówkowe używają tego oprogramowania. To był ważny dla Jacka test, w dodatku zdany pomyślnie. Po pierwsze Dorsey napisał niezły program, zgodny z pierwotnymi założeniami, po drugie przełamał nieśmiałość i sprzedał go firmie taksówkarskiej, przekonując ją do skuteczności i opłacalności produktu, a po trzecie nabrał wewnętrznego przeświadczenia, że to co robi, jest słuszne, dzięki czemu zyskał większą pewność siebie.

Następnym krokiem było dołączenie do zespołu Mira Digital Publishing Company. Jack Dorsey pojawił się w gabinecie szefa firmy Jima Makkilviego latem 1991 roku, gdy ten był w trakcie omawiania ważnego projektu. Młody zapaleniec nie pozwolił się zbyć i po kilku godzinach siedzenia pod drzwiami wciąż cierpliwie czekał na możliwość rozmowy. Nieustępliwość, a równocześnie skromność i nienarzucający się sposób bycia zdecydowały o przyjęciu piętnastolatka na staż. Po paru tygodniach Jack Dorsey dowodził już zespołem programistów.

Rodzice i nauczyciele zauważyli, że Jack przejawia niezwykłe zdolności do nauk ścisłych, dlatego dbali, by rozwijał te talenty. Być może to właśnie sugestie rodziców sprawiły, że kilka lat później Jack rozpoczął studia na Uniwersytecie Nauki i Technologii w Missouri. Miał już wtedy spore doświadczenie zawodowe zarówno w tworzeniu programów komputerowych, jaki i w funkcjonowaniu firmy. Prawdziwą pasją stało się wówczas dla niego tworzenie stron internetowych. Nauka teorii nie była już tak interesująca, jak dla tych studentów, którzy dopiero zaczynali swoją przygodę z pisaniem programów komputerowych, dlatego dwa lata później Jack przeniósł się do wymarzonego Nowego Jorku, a po kilku następnych do Oakland w Kalifornii. Decyzje o zmianach uczelni przychodziły łatwo. Tym bardziej, że były związane z przeprowadzkami, co przecież lubił, i z założeniem pierwszej własnej firmy. W końcu Jack mógł samodzielnie nadzorować ruchome kropki pojazdów na wirtualnej mapie, komunikować się z przewoźnikami i zbierać informacje o tym, co robią w danej chwili. Zajął się tym, co umiał i co cieszyło go najbardziej: założył firmę, która przez Internet obsługiwała wysyłki kurierskie oraz nadzorowała kursy taksówek i pojazdów ratowniczych. Trwało to do momentu, gdy Jack Dorsey dostrzegł, że w tej branży osiągnął już wszystko, co mógł, a był przecież wciąż bardzo młody, wciąż chciał się rozwijać i odkrywać kolejne tajemnice i możliwości technologii komputerowej.

Kolejnym miejscem pracy stała się dla niego firma DMSC Grega Kidda specjalizująca się w technikach informatycznych. Dorsey, aby zainteresować sobą potencjalnego pracodawcę, wykazał się dużą odwagą, a nawet bezczelnością i przede wszystkim bardzo zaryzykował – aplikując na to miejsce pracy, zrobił to w sposób, delikatnie mówiąc, niekonwencjonalny. Włamał się na stronę internetową firmy, a w e-mailu zawarł wiadomość, że jest najlepszym menedżerem i tylko on potrafi wprowadzić takie zabezpieczenia, które w przyszłości zapobiegną podobnym włamaniom. Ryzykowne posunięcie opłaciło się. Jack dostał wymarzoną pracę, w której poznał zasady funkcjonowania systemu krótkich wiadomości – smsów. Przez kilka lat Dorsey tworzył oprogramowanie dla taksówek i samochodów pogotowia. Odegrał wówczas znaczącą rolę w pracy nad promowaniem nowego projektu o nazwie dNet.com Greg Kidd. Jednak jego sukces był krótkotrwały. Po pęknięciu na giełdzie internetowej bańki w 2001 roku firma zbankrutowała, a Dorsey został bez stałego zatrudnienia. Jego spojrzenie na przyszłość było jednak optymistyczne. Pomysłowość i rozwijana przez lata kreatywność podpowiadały mu, by zająć się rysowaniem roślin lub projektować jeansy. Przez pięć lat pracował jako wolny strzelec, a żeby zarobić na życie, ukończył nawet kurs terapii masażem.

Jack Dorsey był człowiekiem uważnym i wnikliwym. W dotychczasowych miejscach pracy bacznie się przyglądał funkcjonowaniu komunikacji internetowej. Dostrzegł, że Internet daje możliwość bardzo szybkiego porozumiewania się. Coraz częściej jego myśli kierowały się ku rozważaniom nad jeszcze lepszym wykorzystaniem Internetu do komunikacji między ludźmi: a gdyby można było łączyć się w Internecie ze wszystkimi znajomymi równocześnie, by wiedzieć, co aktualnie robią – czy piją kawę, czytają, a może idą na koncert i szukają towarzystwa? Albo mają coś bardzo ważnego do przekazania w danej chwili?. Na efekty nie trzeba było długo czekać. Jack skojarzył ten pomysł z ideą statusów popularnego wtedy w Stanach Zjednoczonych komunikatora AIM. Gdyby tak statusy oderwać od reszty usługi? Ta myśl stała się pierwszym impulsem do działania. Jednak Jack nie postępował pochopnie, swoje pomysły musiał sprawdzić. Zrobił to, korzystając z oprogramowania wysyłkowego, które wykorzystał do podtrzymania kontaktów z przyjaciółmi, śląc im krótkie teksty. Doświadczenia zdobyte w dotychczasowej karierze zawodowej zaprocentowały. Połączenie szerokiego zasięgu oprogramowania wysyłkowego z łatwością używania komunikatorów to było coś!

Ze swoim pomysłem Dorsey przyszedł do firmy Odeo Inc. w San Francisco, w której pracowali już Evan Williams i Christopher Stone. Programiści od jakiegoś czasu próbowali stworzyć nowy sposób wysyłania wiadomości tekstowych za pośrednictwem telefonów komórkowych, a przy okazji starali się ocalić przed upadkiem swoją firmę zajmującą się dystrybucją podcastów, czyli audycji dostępnych w postaci odcinków w plikach audio (najczęściej w formacie mp3) lub wideo. Firma nie przynosiła takich zysków, jak się spodziewano, a właściwie... nie przynosiła ich wcale. W dodatku Apple wprowadziła na rynek konkurencyjne oprogramowanie iTunes. Przy takim rywalu Odeo była bez szans.

Jack Dorsey sposób na ratunek firmy przed upadkiem dostrzegł we wprowadzeniu na rynek swojego pomysłu rozpowszechniania przez użytkowników usługi smsowej wymiany myśli i informacji w Internecie. W ciągu dwóch tygodni zbudował prostą stronę, na której użytkownicy mogli zamieszczać krótkie wpisy. Jej działanie opierało się na wiadomościach smsowych wysyłanych na jeden numer, a następnie automatycznie rozsyłanych po wszystkich znajomych. Wtedy jeszcze do głowy żadnemu z użytkowników usługi nie przyszło, że z czasem zmienią się w „followersów", czyli śledzących.

Pracownicy firmy Odeo byli zachwyceni. Pierwszy weekend, w czasie którego testowali pomysł Jacka, upłynął im na obserwowaniu nowych informacji z życia. 21 marca 2006 roku Dorsey opublikował pierwszą wiadomość, która brzmiała: „justsettingup my twttr.", czyli „wystarczy skonfigurować twttr", a zaraz później zajął się udoskonalaniem serwisu. Jack nie lubił tracić czasu. Każdy mający szansę powodzenia pomysł stawał się dla niego motorem do działania, wyzwalał ukryte pokłady energii, tym większe, im bardziej wydawało się, że pomysł nie ma szans na powodzenie. Być może nigdy nie doszłoby do powstania Twittera, gdyby nie odnalezienie przez Jacka starego notesu, w którym niegdyś zapisywał wszystkie swoje pomysły. Po przejrzeniu notatek Jack zdał sobie sprawę z tego, jak niewiele udało mu się wprowadzić w życie i postanowił nie marnować już więcej żadnej chwili, by realizować swoje plany i marzenia. Pomagali mu między innymi Noah Glass – współzałożyciel Odeo i pomysłodawca pierwotnej nazwy serwisu – Twttr, Florian Weber – twórca strony technicznej serwisu, a także Christopher Stone. Udoskonalanie tego systemu komunikacji trwało sześć lat, ale dzięki pomocy Christophera, a potem także Evana Williamsa, Dorsey stworzył prototyp tego, co w przyszłości stało się platformą Twittera.

Nowy portal społecznościowy początkowo nazywał się stat.us., proponowano też Friendstalker (ang. prześladowca znajomych), co jednak nie kojarzyło się pozytywnie i na szczęście w krótkim czasie zmienione zostało na Twttr.com, chociaż pomysłodawcy już wtedy używali nazwy Twitter wyszukanej przez Glassa jako kolejne hasło ze słownika. Podobno na pomysł nazwy przyszedł mu do głowy pod wpływem irytujących go wibracji telefonu. Wibracje skojarzyły się z impulsami wysyłanymi do mózgu. A chwilę później wzrok Glassa padł na kolejne hasło w słowniku: twitter (ang. świergot) – „cienki, delikatny głos wydawany przez niektóre ptaki". Wszyscy współpracownicy byli zgodni – ta nazwa dobrze określała charakter wysyłanych na tworzonym przez nich portalu wiadomości. Nowy serwis miał umożliwiać udostępnianie aktualizacji statusu użytkownika za pośrednictwem wiadomości tekstowych, dlatego Jack zaproponował usunięcie z nazwy samogłosek, co było modnym w owym czasie zabiegiem. W ten sposób Twitter lub Twttr, mógł wykorzystać do wysyłania wiadomości specjalny pięciocyfrowy numer telefonu nazywany krótkim kodem.

Idea komunikacji Twittera była taka, by komunikować się szybko oraz by precyzyjnie i zwięźle wyrażać informacje, stąd pomysł, żeby komunikat nie przekraczał 140 znaków. Tak było od początku istnienia platformy społecznościowej i tak pozostało. Dlaczego akurat tyle? Odpowiedź leży w pojemności jednego smsa, która wynosi 160 znaków, czyli 140 plus nazwa użytkownika wysyłającego wiadomość. Dzisiaj niemal każdy wie, czym jest Twitter, hasztag czy tweetowanie. Krótkie posty pokazywane użytkownikom obserwującym dany profil na Twitterze przypominające ćwierkanie ptaka, czyli po prostu tweety, zyskują coraz więcej zwolenników mikroblogowania, którzy podobnie jak Jack Dorsey polubili ograniczenia inspirujące kreatywność.

Fenomen tweetowania obecnie jest czymś oczywistym, jednak początkowo nikt nie wierzył w wielki sukces serwisu. Po dwóch miesiącach jego istnienia liczba użytkowników nie przekraczała nawet pięciu tysięcy. Mimo to Jack Dorsey wykazał się niezwykłą intuicją i wykupił Odeo z rąk udziałowców, płacąc za firmę około pięć milionów dolarów. Niedługo później zwolnił Noaha Glassa, który prowokował ciągłe kłótnie i konflikty. Decyzje Dorseya były konkretne i stanowcze. Mimo przyjacielskiego usposobienia i otwartości na innych Jack nie wahał się rozstawać z tymi, którzy mogliby stanąć na drodze jego zamierzeniom. W tym czasie nowy dyrektor firmy podjął jeszcze jedną dobrą decyzję – spotkał się z człowiekiem zainteresowanym inwestowaniem w markę Twitter mimo jej małej popularności. Po krótkiej, ale treściwej rozmowie podczas śniadania w restauracji hotelowej w San Francisco właściciele Twittera otrzymali na konto firmy pół miliona dolarów oraz zyskali sponsora, który okazał się także wartościowym współpracownikiem. Był to Fred Wilson, który został strategicznym konsultantem Twittera, a jego zaangażowanie w wymyślanie sposobów usprawniających funkcjonowanie firmy było godne podziwu. Dla Wilsona polityka dobra firmy opierała się nie tylko na wizerunku globalnym, lecz na dbaniu o każdy, najmniejszy szczegół. Jack Dorsey miał nosa do ludzi. Kolejny raz zdecydował się na układ z wartościowym człowiekiem, dzięki czemu nauczył się sprawniejszego zarządzania marką i zespołem podwładnych.

Niedługo później Twitter w błyskawicznym tempie zaczął zyskiwać niezwykłą popularność. Po paru miesiącach od rozpoczęcia działalności dzięki szybkiej i bezpośredniej komunikacji stał się ważnym nośnikiem informacji lub poglądów oraz kreatorem rzeczywistość, zaczął być doceniany przez małe i większe firmy oraz osoby publiczne. Z Twittera często szybciej niż z radia lub telewizji można dowiedzieć się o konflikcie zbrojnym, zasięgu akcji charytatywnej czy wpadce polityka ubiegającego się o ważne stanowisko państwowe. Zwykły człowiek może stać się przez chwilę medium na miarę gazety czy stacji telewizyjnej… Oczywiście pod warunkiem, że opublikowany przez niego tweet zainteresuje odpowiednio duże grono odbiorców.

Jack Dorsey został pierwszym prezesem firmy. Tak postanowili współzałożyciele i pierwsi inwestorzy. Po kilku latach zweryfikowali jednak ocenę umiejętności menedżerskich Dorseya i usunęli go ze stanowiska, jednocześnie zapewniając mu miejsce w radzie nadzorczej i udziały w firmie. Jack stracił jednak prawo głosu w ważnych dla Twittera decyzjach. Poczuł się zawiedziony i rozczarowany i zaczął szukać dla siebie nowych wyzwań.

W 2009 roku zaangażował się we współpracę przy tworzeniu Square Inc. – firmy oferującej oprogramowanie ułatwiające płatności mobilne i obsługę kart kredytowych za pomocą czytnika pasków magnetycznych uruchamianego za pośrednictwem gniazda słuchawkowego telefonów komórkowych. Nazwa platformy płatniczej pochodzi od popularnego pytania: „Are we square?", co można przetłumaczyć jako: „Czy jesteśmy kwita?", i nie zaistniałaby, gdyby nie kolega Dorseya, który był właścicielem maleńkiej firmy produkującej między innymi łazienkowe akcesoria z dmuchanego szkła – efektowne, ale równocześnie bardzo drogie, kupowane często po wpływem impulsu. Problem polegał na tym, że w jego warsztacie można było płacić tylko gotówką, jeśli więc potencjalny klient nie miał przy sobie co najmniej 2 tys. dolarów, odchodził z kwitkiem i najczęściej już nie wracał. Dorsey na prośbę znajomego, który nie mógł pogodzić się z traceniem zarobku, postanowił wymyślić nowy sposób płatności. W niedługim czasie platforma działała tak sprawnie, że w ciągu dwóch lat zyskała około dwóch milionów użytkowników, chociaż funkcjonowała tylko w Ameryce Północnej. Ten sukces sprawił, że w 2013 roku platforma płatnicza Square Inc. podbiła rynki japońskie, przynosząc jej twórcom uznanie w Azji. Jack Dorsey nie zapomniał jednak o swoim ukochanym dziecku. W 2015 roku znów stanął na czele jednego z najbardziej popularnych portali społecznościowych na świecie, dzieląc czas między obie firmy.

Tworząc Twittera, Dorsey nie był podobno szczególnie zainteresowany zyskiem. Prawdopodobnie wynikało to z wpajanej od dzieciństwa skromności. Do dzisiaj nie ukrywa, że w rozwoju kariery zawodowej kieruje się japońską koncepcją *wabi-sabi*, w której ważne są prostota i oszczędność. Jack Dorsey nie jest typowym człowiekiem sukcesu. Długo mieszkał w wynajętych mieszkaniach, a pierwszy własny samochód kupił dopiero w 2011 roku. Swoje znane nazwisko wykorzystuje przede wszystkim po to, by zbierać pieniądze na cele charytatywne.

Chociaż Twitter ma rzesze wiernych użytkowników, długo nie umiał na nich w pełni zarabiać. To się zmieniło w 2009 roku, gdy zaczął uzyskiwać realne przychody, ponieważ Jack Dorsey zgodził się, by Google i Bing (platforma Microsoftu) wyświetlały w wynikach wyszukiwania komunikaty z Twittera, a na portalu umieszczano reklamy.

Skąd sukces twórcy Twittera? Osiem godzin intensywnej pracy przez siedem dni w tygodniu w jednej firmie, nie licząc kolejnych ośmiu w drugiej, wymaga ogromnej dyscypliny i skupienia na kolejnych zadaniach. Dlatego Jack ma zaplanowaną każdą minutę najbliższych tygodni, a nawet miesięcy życia, zaś odstępstwa od harmonogramu zdarzają się niezwykle rzadko i to zwykle w niedzielę, gdy ma czas, by młodzieńczym zwyczajem wybrać się na kilkugodzinny, najczęściej samotny spacer. Ogromny wysiłek nie wynika jednak z chęci zysku. Główną motywacją Jacka Dorseya jest pasja. On sam uważa, że „największym bogactwem jest towarzystwo ludzi kochających swoją pracę". Czym jeszcze zaskoczy nas Jack Dorsey, który dorastał wraz z erą Internetu, a w wieku czterdziestu lat jest w czołówce twórców mediów społecznościowych? Nie wiadomo. Pewne jest jednak to, że Jack Dorsey nie powiedział jeszcze ostatniego słowa.

KALENDARIUM:

19 listopada 1976 – narodziny w Saint Louis w stanie Missouri w USA
1990 – opracowanie oprogramowania dla taksówek i firm przewozowych
1991 – rozpoczęcie pracy programisty w firmie Mira Digital Publishing Company
1995 – ukończenie Bishop Du Borg High School w Saint Louis
1995 – rozpoczęcie studiów na University of Science and Technology w Missouri
1997 – rozpoczęcie studiów na New York Uniwersity

1997 – praca w firmie DMSC Grega Kidda w Nowym Jorku

1999 – przeprowadzka do San Francisco i założenie własnej firmy zajmującej się produkcją oprogramowania dla firm kurierskich, taksówkarskich oraz dla służb ratunkowych

2000 – początek rozwijania zainteresowań komunikacją natychmiastową i rozpoczęcie pracy nad komunikatorem internetowym

2001 – praca w firmie Odeo Inc. w San Francisco

21 marca 2006 – wysłanie pierwszej wiadomości (tweeta) na platformie prototypu Twittera, czyli Twttr, przez Jacka Dorseya, Evana Williamsa, Biza Stone'a and Noaha Glassa

2008 – objęcie stanowiska przewodniczącego rady nadzorczej Twitter Inc.

2009 – Jack zostaje współzałożycielem i dyrektorem generalnym firmy Square Inc. zajmującej się sprzętem i oprogramowaniem płatności mobilnych

2015 – ponowne objęcie stanowiska dyrektora generalnego Twitter Inc. i rezygnacja z funkcji przewodniczącego rady nadzorczej

CIEKAWOSTKI:

- Logo Twittera, czyli biały ptaszek na błękitnym tle, zostało nazwane Larry the Bird od nazwiska znanego koszykarza Larry'ego Birda. Stworzył je grafik urodzony w Anglii, a mieszkający na stałe w Japonii, Simon Oxley. Twórcy Twittera kupili grafikę na jednym z serwisów typu *photo stock* i zapłacili za nią... 7 dolarów. Co ciekawe, ptaszek nie jest oficjalnym logo Twittera. Firma nie sprzedaje żadnych gadżetów z jego wizerunkiem. W związku z tym artyście nie należy się nic ponad owe niespełna trzydzieści złotych. Zyskał sławę, ale nie dostaje ani grosza za to, że jego grafikę widzą codziennie dziesiątki milionów internautów na świecie.
- Twitter jest modny wśród elit i chętnie wykorzystywany przez osoby publiczne, między innymi polityków, pisarzy i dziennikarzy. Swoje profile na Twitterze posiadają gazety, instytucje państwowe, firmy i celebryci. Tweety znanych osób nierzadko przygotowują specjaliści

do spraw komunikacji. Od 2006 roku testuje się możliwość wykorzystania wpisów na Twitterze jako źródła danych socjologicznych. Testowane jest w tym celu oprogramowanie zdolne do przetwarzania języka naturalnego.
- W 2007 roku San Diego nawiedziła fala pożarów. Ponad 1500 domów na obszarze 3900 km² zostało doszczętnie zniszczonych. Użytkownicy Twittera zaczęli używać serwisu do wzajemnego informowania się o rozwoju sytuacji. Nie przeprowadzono żadnych statystyk, ale przyjmuje się, że Twitter uratował kilkanaście ludzkich istnień. Możliwości płynnej komunikacji podczas tej wyjątkowej sytuacji szybko dostrzegli i wykorzystali: „Los Angeles Times", straż pożarna, Czerwony Krzyż. Dla niektórych Twitter był jedynym źródłem informacji o pożarze i nadchodzącym zagrożeniu.
- Krótkie wiadomości Twittera okazały niebezpieczną bronią polityczną, na przykład w Iranie za pomocą tej usługi w ciągu kilku dni udało się zebrać tłum protestujących. Coś po-

dobnego zdarzyło się w Mołdawii, Gwatemali i Ugandzie. Były doradca bezpieczeństwa USA Mark Pfayfel zaproponował nawet kandydatury Jacka Dorseya i innych twórców Twittera do Pokojowej Nagrody Nobla za ich wpływ na przyszłość Iranu.

- Twitter pozwała na zakładanie fikcyjnych kont, stąd łatwość zatarcia granicy między fikcją a rzeczywistością. Ten fakt wykorzystała pisarka Jennifer Egan, tworząc powieść kryminalną specjalnie dla Twittera. Codziennie około godziny 20.00 umieszczała kilka tweetów zawierających kolejną część historii, a użytkownicy zastanawiali się, jakie losy spotkają bohaterów. Powieść *Black Box* składała się z 640 teetów czyli ok. 8400 znaków i odniosła sukces. Jeszcze większą popularnością może pochwalić się powieść *Evidence*, której autorka Elliot Holt stworzyła jeszcze większe wrażenie interakcji, publikując kolejne tweety i zakładając konta fikcyjnych postaci wchodzących z sobą w interakcje czy prowadząc dyskusje z użytkownikami Twittera.

- Upowszechnienie serwisu społecznościowego na skalę globalną rozpoczęło się po South by Southwest Film Festival w 2007 roku, gdy na kilku ekranach wyświetlano bieżące wiadomości i opinie na temat nagród filmowych od użytkowników Twittera. Od tego momentu udało się zwiększyć liczbę dziennych tweetów z dwudziestu do sześćdziesięciu tysięcy. Zaledwie rok później, w maju 2008 roku, za pośrednictwem Twittera została wysłana miliardowa wiadomość.
- Obecnie obrazkowa rzeczywistość wymusza nieograniczanie się jedynie do pisania. Tweety mają różne odmiany. Oprócz krótkich tekstów czyli użytecznych informacji, anegdotek, cytatów, dowcipów czy linków do postów blogowych można angażować się z dyskusje, brać udział w czatach, przesyłać zdjęcia, krótkie filmy, linki do stron internetowych, oznaczać znajomych lub lokalizację. Najnowszym wynalazkiem jest sonda tweet, która pozwala zadać użytkownikom pytanie i sugerować różne propozycje odpowiedzi, na które zwolennicy mogą się zdecydować.

- W 2008 roku liczba użytkowników wzrosła do 1 mld, a w 2010 roku każdego dnia pojawiało się 50 mln nowych tweetów.

INFORMACJE:

- Właściciele portalu społecznościowego zdecydowali się nie ujawniać liczby kont zarejestrowanych na Twitterze i innych informacji odsłaniających wielkość serwisu. Jest to tajemnica wpisana w politykę firmy. Znane są pomiary aktywności użytkowników: codziennie zakładanych jest około 460 tysięcy nowych kont, a każdego dnia wysyłanych jest około 140 milionów tweetów.
- Od 20 października 2015 roku majątek netto Jacka Dorseya jest wyceniany na 2,3 mld dolarów i zgodnie z danymi „Forbes" jest jednym z największych na świecie.
- W 2008 roku Facebook usiłował kupić Twitter za 500 mln dolarów. W 2016 roku Twitter wart był 11,7 mld dolarów. Nie uwzględniając inflacji.

- Przez pierwsze 5 lat istnienia Twitter miał tylko 200 pracowników. W 2016 roku ta liczba wzrosłą do 3700 osób.

CYTATY:

„Wszystko, co możemy zrobić, to dążyć do tego, by ludzie byli bardziej otwarci, bardziej twórczy, bardziej odważni".

„Dbamy o to, by nasza technologia była jak najbardziej przyjazna użytkownikom, by zawierała w sobie pierwiastek ludzki, bo tylko wtedy jest w stanie ich przyciągnąć".

ŹRÓDŁA I INSPIRACJE:

Biografia Jacka Dorseya: http://www.biography.com/people/jack-dorsey-578280#creation-of-twitter.
Mark Glaser, *Założyciele Twittera żerują na mikroblogowaniu*, MediaShift, http://mediashift.org/2007/

05/twitter-founders-thrive-on-micro-blogging-
-constraints137.
Krzysztof Żołyński, *Lata ćwierkania*, http://www.gamermag.pl/14/twitter_historia.html.
Piotr Barycki, *Prześladowca „Znajomych" obchodzi urodziny. Tak, Twitter ma już 10 lat*, Spider's Web, http://www.spidersweb.pl/2016/03/twitter-historia-10-lat.html.
Paweł Luty, *Twitter: było ich czterech...*, http://www.brief.pl/artykul,1645,twitter_bylo_ich_czterech.html.
Twitter – czym właściwie jest?, http://www.pawelbielecki.in/twitter-co-to-jest.
The Future of Twitter: Q&A with Jack Dorsey, Bloomberg, https://www.bloomberg.com/features/2016-jack-dorsey-twitter-interview/.
Piotr Czarnowski, *Jack Dorsey, twórca Twittera, chce teraz zrewolucjonizować zakupy przez Internet*, http://twarzebiznesu.pl/artykuly/578378,jack-dorsey-tworca-twittera-chce-teraz-zrewolucjonizowac-zakupy-przez-internet.html.

✺

Zakończenie

Każdy z nas jest niepowtarzalny i wyjątkowy. Sylwetki 10 samouków przedsiębiorców pokazują, że człowiek jest w stanie osiągnąć niewiarygodne cele życiowe, jeśli będzie potrafił marzyć, wystarczy mu determinacji i twórczej radości z działania. Szkoda, że typowa szkoła, z którą najczęściej mamy do czynienia, do tego nie przygotowuje. Programy oderwane od rzeczywistości, dehumanizacja treści nauczania, założenie, że wszystkie dzieci w tym samym czasie muszą posiąść tę samą wiedzę i zdobyć te same umiejętności utrudniają tylko faktyczny rozwój. Kiedyś można było to uzasadnić brakiem innego powszechnego dostępu do wiedzy. Dziś jednak zapewnia go Internet. Postęp we wszystkich dziedzinach jest tak znaczny, że wiedza się dezaktualizuje, zanim trafi do programów szkolnych i podręczników. Ich twórcy nie bardzo potrafią odpowiedzieć na pytanie, dlaczego akurat taki, a nie inny fragment wiedzy mają poznawać uczniowie. I dlaczego nadal, mimo pozornych zmian, mają się uczyć metodami bardzo zbliżonymi do tych stosowanych w całym poprzednim stuleciu.

W niektórych krajach zrozumiano, że nauka powinna wyglądać zupełnie inaczej. Przykładem może być Finlandia. W tej chwili fińscy uczniowie wypadają najlepiej na świecie w pomiarach przyrostu wiedzy, mimo że na naukę poświęcają znacznie mniej czasu niż dzieci w innych krajach. Wdrożono tam siedem zasad wspomagających rozwój. Obowiązuje równość szkół, rodziców, nauczycieli, praw dorosłych i dzieci, przedmiotów, a przede wszystkim uczniów. Nie wolno porównywać żadnego ucznia z innym, bo porównywanie dzieli. Zasadą jest integracja. Każdy uczeń jest więc tak samo dobry, każdy ma tę samą wartość. Uczniom zapewnia się nie tylko bezpłatną naukę i transport do szkoły, ale i darmowe posiłki oraz wyposażenie. Do każdego ucznia podchodzi się indywidualnie. Program jest ten sam, podobny materiał, ale o różnym stopniu trudności. Oceniany jest w porównaniu do tego, co potrafił wczoraj, jednak jeśli nie zrobi postępu, nikomu to nie przeszkadza. Jest jednak coś jeszcze ważniejszego, coś, co zapewne pomogłoby opisywanym przez nas samoukom uniknąć wielu błędów. Szkoły fińskie przygotowują do życia (w przeciwieństwie do systemów, które przygotowują do zdawania egzaminów). Uczą wartości pieniądza, wiedzy na temat obowiązujących podatków czy praw obywatela. Uczniom się ufa, wierzy się, że każdy z nich potrafi dobrze wybrać, a więc jeśli nie chce czegoś zrobić, może wybrać temat, który interesuje go bardziej, albo na przykład czytać książkę. Ufa się też nauczycielom, którzy mają bardzo dużą swobodę w wyborze sposób nauczania. Czy uczeń w takich warunkach chce się uczyć, czy też nie – zostawia się jego wyborowi. Jeśli woli, zdobywa praktyczny zawód, nie musi tkwić latami w szkole, jeśli nie jest to zgodne z jego pomysłem na życie lub zdolnościami. Nie musi się też wstydzić powtarzania roku, bo nie jest to traktowane jak coś złego. Młodzi ludzie nie muszą wkuwać na pamięć regułek, mają się nauczyć rozwiązywania problemów na bazie wiedzy odnajdywanej w książkach lub Internecie. Najważniejszy jest cel: przygotować młodego człowieka do udanego życia, w którym nie będzie zależny od innych.

Trochę czuć w tym ducha szkół Montessori, których ideą jest podążanie za dzieckiem, tak by mogło rozwijać się zgodnie ze swymi potrzebami, by pozostało twórcze i radosne oraz przeniosło te cechy w dorosłe życie. To na razie brzmi utopijnie, ale skoro już są szkoły, a nawet całe państwa, które potrafią uczyć zgodnie z tymi zasadami, być może kiedyś powszechny będzie system szkolny, w którym każdy będzie „samoukiem", będzie rozwijał się na miarę swoich potrzeb, by w przyszłości realizować swoje własne cele, harmonijnie rozwijając wszystkie sfery życia: osobistą, rodzinną i zawodową, i pamiętając o tym, że najważniejsze są wartości duchowe. One bowiem pozwalają dostrzegać potrzeby drugiego człowieka, kształtować dobre relacje w rodzinie i prowadzić sprawiedliwy biznes.

Dodatek 1

Inspirujące cytaty

Wydaje mi się, że od dziecka miałem w sobie ciekawość świata i ludzi. Świadomie zacząłem prowadzić obserwacje i notować spostrzeżenia mniej więcej w piętnastym roku życia, kiedy wyprowadziłem się z domu rodzinnego do szkoły z internatem. Wtedy kupiłem pierwszy zeszyt do notowania moich przemyśleń. Teraz takich zeszytów mam całe mnóstwo. Często zapisywałem w nich inspirujące cytaty, których bogate źródło znalazłem w Biblii, a także w biografiach słynnych ludzi: odkrywców, wynalazców, naukowców i artystów. Najbliższe są mi te, które dotyczą sfery duchowej człowieka. Pomagały mi odkrywać prawdę o świecie i sensie życia. Wielokrotnie do nich wracam.

Na tej podstawie wyciągam wnioski i stawiam kolejne pytania, by uzyskać pełniejszy obraz sytuacji i wytyczać dalsze kierunki rozwoju. Zachęcam Cię do zapoznania się z 179 wybranymi cytatami które moim zdaniem uczą bycia mądrym.

John Quincy Adams

Jeśli twoja aktywność inspiruje innych, by więcej marzyć, więcej się uczyć, więcej działać i stawać się kimś więcej, to jesteś liderem. Odwaga i wytrwałość są magicznymi talizmanami, przed którymi trudności znikają, a przeszkody rozpływają się w powietrzu.

Jakub Alberion

Znajdujesz to, czego szukasz, umyka Ci to, co zaniedbujesz.

Archimedes

Dajcie mi odpowiednio długą dźwignię i wystarczająco mocną podporę, a sam jeden poruszę cały glob.

Arystoteles

Cnotę widać wyraźniej w czynach niż w ich braku. Przyjemność życia jest przyjemnością płynącą z ćwiczenia duszy; to jest bowiem prawdziwe życie. Staraj się żyć dobrze, czerp z życia zadowolenie. Jeśli jesteś mądry, a nie wątpię, że jesteś, nie goń za dobrami materialnymi. To marność! Dąż do doskonałości we wszystkim! Szczęśliwy jest ten, kto dobrze żyje i komu dobrze się dzieje.

Mary Kay Ash

Dasz sobie radę!

Augustyn

Nie wychodź na świat, wróć do siebie samego: we wnętrzu człowieka mieszka prawda.

Jane Austen

Taki powinien być młody człowiek. Obojętnie, czym by się nie zajmował, jego zapał nie powinien znać umiaru, a on sam zmęczenia.

Kenny Ausubel

Używaj swoich zdolności, jakiekolwiek są.

Richard Bach

Obstawaj przy swoich ograniczeniach, a z pewnością staną się częścią Ciebie samego.

Robert Baden-Powell

Nie chodzi o to, byśmy osiągnęli nasze najwyższe ideały, lecz o to, aby były one naprawdę wysokie.

Honoriusz Balzak

Prawdziwe szczęście jest rzeczą wysiłku, odwagi i pracy.

Tristan Bernard

Jeśli jesteś dobrą piłką, to im silniej Cię uderzą, tym wyżej się wzniesiesz.

Biblia (Dz 20:35):

Więcej szczęścia jest w dawaniu aniżeli w braniu.

Biblia (Flp 4:8):

W końcu, bracia, wszystko, co jest prawdziwe, co godne, co sprawiedliwe, co czyste, co miłe, co zasługuje na uznanie: jeśli jest jakąś cnotą i czynem chwalebnym – to miejcie na myśli.

Biblia (Ga 6:9):

W czynieniu dobra nie ustawajmy, bo gdy pora nadejdzie, będziemy zbierać plony, o ile w pracy nie ustaniemy.

Biblia (Hbr 11:1–10):

Wiara jest poręką tych dóbr, których się spodziewamy, dowodem tych rzeczywistości, których nie widzimy.

Biblia (Łk 14:28):

Kto z Was, chcąc zbudować wieżę, nie usiądzie wpierw i nie obliczy wydatków, czy ma na jej wykończenie.

Biblia (Mt 17:20):

Jeśli będziecie mieć wiarę jak ziarnko gorczycy, powiecie tej górze: „Przesuń się stąd tam!", a przesunie się. I nic niemożliwego nie będzie dla Was.

Biblia (Prz 12:18):

Język mądrych jest lekarstwem.

Biblia (Prz 16:23-24):

Od serca mądrego i usta mądrzeją, przezorność na wargach się mnoży. Dobre słowa są plastrem miodu, słodyczą dla gardła, lekiem dla ciała.

Biblia (Prz 17:22):

Radość serca wychodzi na zdrowie, duch przygnębiony wysusza kości.

Biblia (Psalm I ks. I Dwie drogi życia):

Szczęśliwy mąż, który nie idzie za radą występnych, nie wchodzi na drogę grzeszników i nie siada w kole szyderców, lecz ma upodobanie w prawie Pana, nad jego prawem rozmyśla dniem i nocą. Jest on jak drzewo zasadzone nad płynącą wodą, które wydaje owoc w swoim czasie, a liście jego nie więdną: co uczyni, pomyślnie wypada.

Biblia (Rz 12:15,16):

Weselcie się z tymi, którzy się weselą. Płaczcie z tymi, którzy płaczą. Bądźcie zgodni we wzajemnych uczuciach.

Biblia (Prz 15:14):

Serce rozważne szuka mądrości.

NAPOLEON BONAPARTE

Tak samo jak pojedynczy krok nie tworzy ścieżki na ziemi, tak pojedyncza myśl nie stworzy ścieżki w Twoim umyśle. Prawdziwa ścieżka powstaje, gdy chodzimy po niej wielokrotnie. Aby stworzyć głęboką ścieżkę mentalną, potrzebne jest wielokrotne powtarzanie myśli, które mają zdominować nasze życie.

Phil Bosmans

Dziecko jest chodzącym cudem. Jedynym, wyjątkowym, niezastąpionym. Uzdrowić człowieka oznacza oddać mu utraconą odwagę.

Wykorzystaj dzień dzisiejszy. Obiema rękoma obejmij go. Przyjmij ochoczo, co niesie ze sobą: światło, powietrze i życie, jego uśmiech, płacz i cały cud tego dnia. Wyjdź mu naprzeciw.

Nathaniel Branden

Jeżeli żyjemy świadomie, nie wyobrażamy sobie, że nasze odczucia nieomylnie wskazują prawdę.

Pearl Buck

Są ludzie, którzy nie zauważają małego szczęścia, ponieważ daremnie czekają na duże.

Orson Scott Card

Co innego słyszeć, a co innego słuchać…

Dale Carnegie

Szczęście nie przychodzi z zewnątrz. Zależy od tego, co jest w nas samych. Większość rzeczy na tym świecie stworzona została przez ludzi, którzy wytrwali, gdy zdawało się, że nie ma już nadziei.

Winston Churchill

Ciągłe podejmowanie wysiłku, a nie siła czy inteligencja, jest kluczem do wyzwolenia naszego potencjału. Jestem optymistą. Bycie kimkolwiek innym nie wydaje się do czegokolwiek przydatne.

Nigdy, nigdy, nigdy się nie poddawaj.

Pesymista szuka przeciwności w każdej okazji. Optymista widzi okazję w każdej przeciwności.

Sukces polega na tym, by iść od porażki do porażki, nie tracąc entuzjazmu.

Arthur Charles Clarke

Jedyny sposób, by odkryć granice możliwości, to przekroczyć je i sięgnąć po niemożliwe.

Paulo Coelho

Emocje są jak dzikie konie i potrzeba wielkiej mądrości, by je okiełznać.

Świat należy do ludzi, którzy mają odwagę marzyć i ryzykować, aby spełniać swoje marzenia. I starają się robić to jak najlepiej.

Odważni są zawsze uparci.

To możliwość spełnienia marzeń sprawia, że życie jest tak fascynujące.

Tylko jedno może unicestwić marzenie. Strach przed porażką.

John Calvin Coolidge

Nic na świecie nie zastąpi wytrwałości. Nie zastąpi jej talent – nie ma nic powszechniejszego niż ludzie utalentowani, którzy nie odnoszą sukcesów. Nie uczyni niczego sam geniusz – nienagradzany geniusz to już prawie przysłowie. Nie uczyni niczego też samo wykształcenie – świat jest pełen ludzi wykształconych, o których zapomniano. Tylko wytrwałość i determinacja są wszechmocne.

John Cummuta

Kiedy poddasz się swojej wizji, sukces zaczyna Cię gonić.

Antoni Czechow

Człowiek jest tym, w co wierzy.

Chris Darimont

Duża część postępu w nauce była możliwa dzięki ludziom niezależnym lub myślącym nieco inaczej.

Maria Dąbrowska

Pismo i sztuka to jedyni świadkowie czasów.

Margaret Deland

Trzeba czegoś pragnąć, żeby żyć.

Benjamin Disraeli

Największym szczęściem jest poczucie sensu życia.

John Dryden

Najpierw sami tworzymy własne nawyki, potem nawyki tworzą nas.

Marie Ebner-Eschenbach

Zrozumienie sięga często dalej niż rozum.

Thomas Edison

Gdybyśmy robili wszystkie rzeczy, które jesteśmy w stanie zrobić, wprawilibyśmy się w ogromne zdumienie.

Największą słabością jest poddawanie się. Najpewniejszą drogą do sukcesu jest próbowanie po prostu jeszcze jeden raz.

Nie poniosłem porażki. Po prostu odkryłem dziesięć tysięcy błędnych rozwiązań!

Pewnego dnia zaprzęgniemy do pracy przypływy i odpływy, uwięzimy promienie słońca.

Albert Einstein

Dobro człowieka musi zawsze stanowić najważniejszy cel wszelkiego postępu technicznego.

Najpiękniejsza rzecz, jakiej możemy doświadczyć, to oczarowanie tajemnicą.

Nie staraj się być człowiekiem sukcesu, lecz człowiekiem wartościowym.

Nigdy nie trać świętej ciekawości. Kto nie potrafi pytać, nie potrafi żyć.

Osobowość kształtuje się nie poprzez piękne słowa, lecz pracą i własnym wysiłkiem.

Ważne jest, by nigdy nie przestać pytać. Ciekawość nie istnieje bez przyczyny.

Życie można przeżyć na dwa sposoby: albo tak, jakby nic nie było cudem, albo tak, jakby cudem było wszystko.

Ralph Waldo Emerson

Bohater nie jest odważniejszy od zwykłego człowieka, ale jest odważny pięć minut dłużej.

By nakreślić kurs działania i zrealizować go do końca, potrzeba Ci odwagi żołnierza.

Prawdziwa siła zrozumienia polega na niedopuszczeniu do tego, by coś, czego nie wiemy, krępowało to, co wiemy.

Epikur

Chcesz być szczęśliwy? Czytaj księgi! Poznawaj poglądy mądrych tego świata! Doceniaj piękno! Ciesz się każdą chwilą bez cierpienia!

Nie ma życia przyjemnego, które by nie było rozumne, moralnie podniosłe i sprawiedliwe, ani też życia rozumnego, moralnie podniosłego i sprawiedliwego, które by nie było przyjemne.

Nie można żyć szczęśliwie, nie żyjąc godnie, moralnie i uczciwie.

Michael Faraday

Nic nie jest zbyt piękne, aby mogło być prawdziwe.

Alexander Fleming

Narodziny nowego poprzedza zazwyczaj jakieś banalne wydarzenie. Newton spostrzegł spadające jabłko, James Watt zaobserwował, jak woda kipi w kociołku, Roentgenowi zmętniała klisza fotograficzna. Ale wszyscy ci ludzie mieli wiedzę tak rozległą, że umieli z banalnych zdarzeń wycią-gnąć rewelacyjne wnioski.

Raoul Follereau

Na co się przydaje wiedza, jeśli nie służy człowiekowi?

Henry Ford

Nie ma rzeczy niemożliwych, są tylko te trudniejsze do wykonania.

Terry Fox

To drożdże, dzięki którym nadzieje wznoszą się do gwiazd. Entuzjazm jest błyskiem oka, sprężystością kroku, uściskiem dłoni, nieodpartym przepływem woli i energii potrzebnej do realizacji najśmielszych pomysłów. Entuzjaści to wojownicy, których cechuje hart ducha i trwałe wartości. Entuzjazm stanowi podstawę postępu. Dzięki niemu możliwe są osiągnięcia, bez niego pozostaje tylko alibi.

Anatol France

Marzenia możesz zrealizować, jeśli tylko spróbujesz to zrobić.

Aby osiągnąć wspaniałe rzeczy musimy marzyć tak samo dobrze, jak działać.

By dokonać wielkich dzieł, powinniśmy nie tylko planować, ale również wierzyć.

W miarę jak się starzejemy, odkrywamy, że najrzadsza jest odwaga myślenia.

Benjamin Franklin

Silny jest ten, kto potrafi przezwyciężyć swe szkodliwe przyzwyczajenia.

Anna Freud

Siły i wiary w siebie poszukiwałam zawsze gdzieś poza sobą, a one pochodzą z mojego wnętrza. Cały czas są we mnie.

Erich Fromm

Szczęście to coś, co każdy z nas musi wypracować dla samego siebie.

Gail Godwin

Nikt z nas nie staje się kimś nagle, w jeden dzień. Przygotowania do tego trwają przez całe nasze życie.

Johann Wolfgang Goethe

Biorąc pod uwagę wszystkie akty tworzenia, odkrywa się jedną elemen-tarną prawdę: gdy się czemuś prawdziwie poświęcamy, wspiera nas Opatrzność.

Człowiek, który zyska i zachowa władzę nad sobą, dokona rzeczy największych i najtrudniejszych.

Myślenie jest ważniejsze niż wiedza, ale nie ważniejsze niż obserwacja.

Potykając się, można zajść daleko, nie wolno tylko upaść i nie podnieść się.

Mikołaj Gogol

Trzeba mieć w sobie wiele miłości, aby nasza krytyka skierowana przeciwko innemu człowiekowi wyszła mu na dobre.

Władysław Grabski

Trzeba, by autorytet wypłynął z wartości moralnych i intelektualnych, wtedy tylko jest on trwałym i poważnym.

DAVID GRAYSON

Jakże wielu ludzi, którzy wyprawiają się w poszukiwaniu szczęścia, nie zauważa, że ono czeka na ganku ich domu.

TRYGVE GULBRANSSEN

Pieniądz wiele żąda od swego właściciela – zabierze mu nawet duszę, jeśli nie będzie na siebie uważał.

ADOLF HARNACK

Nic bardziej nie wzmacnia człowieka niż okazane mu zaufanie.

Nic bardziej nie wzmacnia człowieka niż okazane mu zaufanie.

HERMANN HESSE

Istnieją miliony oblicz prawdy, ale prawda jest tylko jedna.

Jaki sens miałoby pisanie, gdyby nie stała za nim wola prawdy.

Hi-cy-Czuan

Naucz się znajdować radość w życiu – to najlepszy sposób przyciągnięcia szczęścia.

Napoleon Hill

Wiara nakierowana na odniesienie sukcesu nada siłę każdej Twojej myśli.

Paul Holbach

Aby być szczęśliwym, trzeba pragnąć, działać i pracować, taki jest porządek przyrody, której życie polega na działaniu.

Ciesz się z podróży.

Oliver Holmes

Tylko wiara i entuzjazm sprawiają, że warto żyć.

Albert Jacquard

Zdolność myślenia nie zna granic.

Margo Jones

Odrobina wiary jest warunkiem powodzenia każdego przedsięwzięcia.

Erica Jong

Zaakceptowałam strach jako nieodłączną część życia – szczególnie strach przed zmianami. Idę naprzód mimo walenia serca, które mówi: zawróć.

Joseph Joubert

Dzieci potrzebują bardziej dobrego przykładu niż krytyki.

Kartezjusz

Myślę, więc jestem.

Erich Kästner

Można wyjść od jakiegoś punktu, ale nie można na nim spocząć.

Helen Keller

Gdy zamykają się jedne drzwi do szczęścia, otwierają się inne, ale my patrzymy na pierwsze drzwi tak długo, że nie widzimy tych drugich.

Możemy zrealizować każde zamierzenie, jeśli potrafimy trwać w nim wystarczająco długo.

Życie albo jest śmiałą przygodą, albo nie jest życiem. Nie lękać się zmian, a w obliczu kapryśności losu zachowywać hart ducha – oto siła nie do pokonania.

Johannes Kepler

Radość jest potrzebą, siłą i wartością życia.

Karol Kettering

Obchodzi mnie przyszłość, bo zamierzam spędzić w niej resztę życia.

Problem dobrze ujęty, to w połowie rozwiązany.

Antoni Kępiński

Dziecko, bawiąc się, doznaje po raz pierwszy w życiu radości twórcy i władcy.

W miarę dojrzewania uczuciowego wzrasta potrzeba dawania.

Jan Amos Komeński

Kto się o mądrość ubiega, ten księgi miłować winien nad srebro i złoto.

John Kotter

Większość ludzi nie prowadzi swojego życia. Oni je tylko akceptują.

Roger L'Estrange

To nie miejsce ani spełnienie jakiegoś warunku, ale sam umysł jest tym, co może uczynić każdego szczęśliwym lub nieszczęśliwym.

Leonardo da Vinci

Trzeba kontemplować i dużo myśleć. Kto mało myśli, ten dużo traci.

Abraham Lincoln

Ludzie są na tyle szczęśliwi, na ile sobie pozwolą nimi być.

Moim problemem nie jest, czy Bóg jest po naszej stronie. Moim największym zmartwieniem jest, czy my jesteśmy po stronie Boga. Bo Bóg ma zawsze rację!

Mike Litman

Człowiek rodzi się po to, by wieść nadzwyczajne życie, robić nadzwyczajne rzeczy i pomóc nadzwyczajnej liczbie ludzi.

Lope de Vega

Postęp to znaczy lepsze, a nie tylko nowe.

Tylko przykład jest zaraźliwy.

John Mansfield

Człowiek składa się z ciała, umysłu i wyobraźni. Jego ciało jest niedoskonałe, jego umysł zawodny, ale jego wyobraźnia czyni go znakomitym.

Marek Aureliusz

Najtrudniej jest dotrzeć do samego siebie.

Zawsze masz możność żyć szczęśliwie, jeśli pójdziesz dobrą drogą i zechcesz dobrze myśleć i czynić. A szczęśliwy to ten, kto los szczęśliwy sam sobie przygotował. A los szczęśliwy to dobre drganie duszy, dobre skłonności, dobre czyny.

John Mason

Potrzeba młotka wytrwałości, by wbić gwóźdź sukcesu.

John McCain

Zacznij od tego, żeby mieć odwagę. Reszta przyjdzie sama.

Anthony de Mello

Jeśli jesteś nieszczęśliwy, to dlatego, że cały czas myślisz raczej o tym, czego nie masz, zamiast koncentrować się na tym, co masz w danej chwili.

Leroy „Roy" Milburn

Wytrwałość jest tym dla ludzi, czym drożdże dla chleba i ciasta.

Monteskiusz

Im mniej ludzie mówią, tym więcej myślą.

Reinhold Niebuhr

Boże, daj mi tę łaskę, bym przyjął to, czego nie mogę zmienić. Daj odwagę, bym zmieniał to, co zmienić mogę. I mądrość, bym odróżnił jedno od drugiego.

Earl Nightingale

Nie pozwól, by obawa o to, ile czasu zajmie osiągnięcie czegoś, przeszkodziła Ci w zrobieniu tego. Czas i tak upłynie, można więc równie dobrze wykorzystać go w najlepszy możliwy sposób.

Borys Pasternak

Nigdy w żadnym wypadku nie wolno wpadać w rozpacz. Mieć nadzieję i działać – oto nasz obowiązek w nieszczęściu.

Odwaga góry przenosi.

Ludwik Pasteur

Moja siła leży w nieustępliwości.

Norman Vincent Peale

Entuzjazm zmienia wszystko.

Platon

Doświadczenie pozwala nam kierować własnym życiem wedle zasad sztuki, brak doświadczenia rzuca nas na igraszkę losu.

Myśleć to, co prawdziwe, czuć to, co piękne, i kochać, co dobre.

Jules Henri Poincaré

Wiedzę buduje się z faktów, jak dom z kamienia; ale zbiór faktów nie jest wiedzą, jak stos kamieni nie jest domem.

Alexander Pope

Najlepiej znoszą krytykę ci, którzy najbardziej zasługują na pochwałę.

Anthony Robbins

Determinacja jest wyzwaniem budzącym ludzką wolę.

Eleanor Roosevelt

Bez Twojego pozwolenia nikt nie może sprawić, że poczujesz się gorszy.

Jan Jakub Rousseau

Prawdziwa grzeczność polega na wyrażaniu życzliwości.

Rośliny uszlachetnia się przez uprawę, ludzi – przez wychowanie.

Joanne K. Rowling

Liczy się nie to, kim się ktoś urodził, ale kim wybrał, by być.

Bertrand Russell

Pewne rzeczy są dla większości ludzi niezbędnym warunkiem szczęścia, ale są to rzeczy proste: pożywienie, dach nad głową, zdrowie, miłość, powodzenie w pracy i szacunek otoczenia.

Życie szczęśliwe jest w niezwykłym stopniu identyczne z życiem wartościowym.

William Saroyan

Dziecko poszukuje dziecka w każdym, kogo spotka. Jeśli znajdzie je w dorosłym, podoba mu się ta osoba bardziej niż inne.

Antoine de Saint-Exupéry

Będziemy szczęśliwi dopiero wtedy, gdy uświadomimy sobie nasze zadanie, choćby najskromniejsze. Wtedy dopiero będziemy mogli spokojnie żyć i spokojnie umierać, gdyż to, co nadaje sens życiu, nadaje sens także śmierci.

Andrzej Sapkowski

Jeśli cel przyświeca, sposób musi się znaleźć.

José Saramago

Nigdy się nie dowiemy, do jakiego stopnia nasze życie uległoby zmianie, gdyby pewne usłyszane i niezrozumiane zdania zostały zrozumiane.

Jean-Paul Sartre

Każdy musi odkryć swoją własną drogę.

ÉRIC-EMMANUEL SCHMITT

Każdy związek jest domem, do którego klucze znajdują się w rękach mieszkańców.

ALBERT SCHWEITZER

Ten, kto ma odwagę oceniać siebie samego, staje się coraz lepszy.

SENEKA MŁODSZY

Najwyższym dobrem jest duch, gardzący przypadkowymi dobrami, rozradowany cnotą, albo ściślej, niepokonana siła ducha, doświadczona we wszystkim, łagodna w czynach, delikatna w obejściu z innymi.

Nie rozglądaj się za szczęściem, bo w ten sposób go nie zobaczysz. Ono jest w Tobie i tylko w Tobie samym!

Wierz mi, prawdziwa radość jest rzeczą poważną.

Seneka Starszy

Dwie rzeczy dają duszy największą siłę: wierność prawdzie i wiara w siebie.

Prawdę należy mówić tylko temu, kto chce jej słuchać.

George Bernard Shaw

Ideały są jak gwiazdy. Jeśli nawet nie możemy ich osiągnąć, to należy się według nich orientować.

Richard B. Sheridan

Najpewniejszym sposobem na uniknięcie porażki jest determinacja, by osiągnąć sukces.

Maria Skłodowska-Curie

Jeśli to zajmie sto lat, to trudno, ale nie przestanę pracować tak długo, jak żyję.

Sokrates

Mądrość zależy od trzech rzeczy: osobowości, wiedzy, samokontroli.

William Szekspir

O ileż lepiej płakać z radości niż znajdować radość w płaczu.

Amy Tan

Kiedy piszesz, musisz zebrać w jeden strumień wszystkie swobodne prądy serca.

Władysław Tatarkiewicz

Aby człowiek mógł być zadowolony z życia, jednym z najistotniejszych warunków jest, aby był przekonany, że ma ono jakiś sens, jakąś wartość.

Do szczęścia należą dwie rzeczy: wieść życie, z którego jest się zadowolonym, i być zadowolonym z życia, które się wiedzie.

Od człowieka zależy, czy przeszkody, jakie ma w życiu, będą mu dokuczać więcej czy mniej lub też wcale nie będą dlań przeszkodami.

Carol Anne Tavris, Elliot Aronson

Nasze dobre uczynki mogą tworzyć spiralę życzliwości i współczucia – „błędne koło dobroci".

Henry David Thoreau

Chciałbym, ażeby każdy z wielkim staraniem wybrał własną drogę i szedł naprzód właśnie nią, zamiast drogą ojca, matki czy sąsiada.

Nic nie dodaje odwagi bardziej niż niekwestionowana zdolność człowieka do podźwignięcia własnego życia poprzez świadome działanie.

Paul Tillich

Męstwo, w połączeniu z mądrością, zawiera umiarkowanie człowieka w stosunku do siebie oraz sprawiedliwość w stosunku do innych.

Józef Tischner

Dzięki swoim wolnym decyzjom, dzięki odczuwanym wartościom, dzięki tysiącom podjętych czynności człowiek nieustannie tworzy samego siebie.

Brian Tracy

Twoje życie staje się lepsze, tylko kiedy Ty stajesz się lepszy.

Twój charakter jest Twoim najważniejszym atutem, dlatego powinieneś pracować nad sobą przez całe życie.

Mark Twain

Aby zerwać z nawykiem, wyrób sobie inny, który go wymaże.

Spraw, aby każdy dzień miał szansę stać się najpiękniejszym dniem Twego życia.

Jan Twardowski

Aby żyć w zgodzie z innymi, człowiek musi najpierw pogodzić się z samym sobą.

Wielkie dzieło nawrócenia świata rozpoczyna się od małych nieraz wysiłków, od budowania zgody w naszych rodzinach, parafiach, w środowiskach pracy.

Wergiliusz

Ludzie potrafią, gdyż sądzą, że potrafią.

Paul Zulehner

Kto nie ma odwagi do marzeń, nie będzie miał siły do walki.

Przysłowie angielskie:

Aby być szczęśliwym, trzeba pragnąć, działać i pracować, taki jest porządek przyrody, której życie polega na działaniu.

Przysłowie japońskie:

Ten jest ubogi, kto nie odczuwa zadowolenia.

Napis na budynku Williams College w Williamstown (USA):

Pnij się wysoko – Twoją metą niebo, Twoim celem gwiazda.

Dodatek 2

Książki, które rozwijają i inspirują

Albright M., Carr C., *Największe błędy menedżerów*, Warszawa 1997.

Allen B.D., Allen W.D., *Formuła 2+2. Skuteczny coaching*, Warszawa 2006.

Anderson Ch., *Za darmo: przyszłość najbardziej radykalnej z cen*, Kraków 2011.

Anthony R., *Pełna wiara w siebie*, Warszawa 2005.

Ariely D., *Zalety irracjonalności. Korzyści z postępowania wbrew logice w domu i pracy*, Wrocław 2010.

Bates W.H., *Naturalne leczenie wzroku bez okularów*, Katowice 2011.

Bettger F., *Jak umiejętnie sprzedawać i zwielokrotnić dochody*, Warszawa 1995.

Blanchard K., Johnson S., *Jednominutowy menedżer*, Konstancin-Jeziorna 1995.

Blanchard K., O'Connor M., *Zarządzanie poprzez wartości*, Warszawa 1998.

Bogacka A.W., *Zdrowie na talerzu*, Białystok 2008.

Bollier D., *Mierzyć wyżej. Historie 25 firm, które osiągnęły sukces, łącząc skuteczne zarządzanie z realizacją misji społecznych*, Warszawa 1999.

Bond W.J., *199 sytuacji, w których tracimy czas, i jak ich uniknąć*, Gdańsk 1995.

Bono E. de, *Dziecko w szkole kreatywnego myślenia*, Gliwice 2010.

Bono E. de, *Sześć kapeluszy myślowych*, Gliwice 2007.

Bono E. de, *Sześć ram myślowych*, Gliwice 2009.

Bono E. de, *Wodna logika. Wypłyń na szerokie wody kreatywności*, Gliwice 2011.

Bossidy L., Charan R., *Realizacja. Zasady wprowadzania planów w życie*, Warszawa 2003.

Branden N., *Sześć filarów poczucia własnej wartości*, Łódź 2010.

Branson R., *Zaryzykuj – zrób to! Lekcje życia*, Warszawa-Wesoła 2012.

Brothers J., Eagan E, *Pamięć doskonała w 10 dni*, Warszawa 2000.

Buckingham M., *To jedno, co powinieneś wiedzieć... o świetnym zarządzaniu, wybitnym przywództwie i trwałym sukcesie osobistym*, Warszawa 2006.

Buckingham M., *Wykorzystaj swoje silne strony. Użyj dźwigni swojego talentu*, Waszawa 2010

Buckingham M., Clifton D.O., *Teraz odkryj swoje silne strony*, Warszawa 2003.

Butler E., Pirie M., *Jak podwyższyć swój iloraz inteligencji?*, Gdańsk 1995.

Buzan T., *Mapy myśli*, Łódź 2008.

Buzan T., *Pamięć na zawołanie*, Łódź 1999.

Buzan T., *Podręcznik szybkiego czytania*, Łódź 2003.

Buzan T., *Potęga umysłu. Jak zyskać sprawność fizyczną i umysłową: związek umysłu i ciała*, Warszawa 2003.

Buzan T., Dottino T., Israel R., *Zwykli ludzie – liderzy. Jak maksymalnie wykorzystać kreatywność pracowników*, Warszawa 2008.

Carnegie D., *I ty możesz być liderem*, Warszawa 1995.

Carnegie D., *Jak przestać się martwić i zacząć żyć*, Warszawa 2011.

Carnegie D., *Jak zdobyć przyjaciół i zjednać sobie ludzi*, Warszawa 2011.

Carnegie D., *Po szczeblach słowa. Jak stać się doskonałym mówcą i rozmówcą*, Warszawa 2009.

Carnegie D., Crom M., Crom J.O., *Szkoła biznesu. O pozyskiwaniu klientów na zawsze*, Warszawa 2003

Cialdini R., *Wywieranie wpływu na ludzi*, Gdańsk 1998.

Clegg B., *Przyspieszony kurs rozwoju osobistego*, Warszawa 2002.

Cofer C.N., Appley M.H., *Motywacja: teoria i badania*, Warszawa 1972.

Cohen H., *Wszystko możesz wynegocjować. Jak osiągnąć to, co chcesz*, Warszawa 1997.

Covey S.R., *3. rozwiązanie*, Poznań 2012.

Covey S.R., *7 nawyków skutecznego działania*, Poznań 2007.

Covey S.R., *8. nawyk*, Poznań 2006.
Covey S.R., Merrill A.R., Merrill R.R., *Najpierw rzeczy najważniejsze*, Warszawa 2007.
Craig M., *50 najlepszych (i najgorszych) interesów w historii biznesu*, Warszawa 2002.
Csikszentmihalyi M., *Przepływ: psychologia optymalnego doświadczenia*, Wrocław 2005.
Davis R.C., Lindsmith B., *Ludzie renesansu: umysły, które ukształtowały erę nowożytną*, Poznań 2012.
Davis R.D., Braun E.M., *Dar dysleksji. Dlaczego niektórzy zdolni ludzie nie umieją czytać i jak mogą się nauczyć*, Poznań 2001.
Dearlove D., *Biznes w stylu Richarda Bransona. 10 tajemnic twórcy megamarki*, Gdańsk 2009.
DeVos D., *Podstawy wolności. Wartości decydujące o sukcesie jednostek i społeczeństw*, Konstancin-Jeziorna 1998.
DeVos R.M., Conn Ch.P., *Uwierz! Credo człowieka czynu, współzałożyciela Amway Corporation, hołdującego zasadom, które uczyniły Amerykę wielką*, Warszawa 1994.

Dixit A.K., Nalebuff B.J., *Myślenie strategiczne. Jak zapewnić sobie przewagę w biznesie, polityce i życiu prywatnym*, Gliwice 2009.

Dixit A.K., Nalebuff B.J., *Sztuka strategii. Teoria gier w biznesie i życiu prywatnym*, Warszawa 2009.

Dobson J., *Jak budować poczucie wartości w swoim dziecku*, Lublin 1993.

Doskonalenie strategii (seria *Harvard Bussines Review*), praca zbiorowa, Gliwice 2006.

Dryden G., Vos J., *Rewolucja w uczeniu*, Poznań 2000.

Dyer W.W., *Kieruj swoim życiem*, Warszawa 2012.

Dyer W.W., *Pokochaj siebie*, Warszawa 2008.

Edelman R.C., Hiltabiddle T.R., Manz Ch.C., *Syndrom miłego człowieka*, Gliwice 2010.

Eichelberger W., Forthomme P., Nail F., *Quest. Twoja droga do sukcesu. Nie ma prostych recept na sukces, ale są recepty skuteczne*, Warszawa 2008.

Enkelmann N.B., *Biznes i motywacja*, Łódź 1997.

Eysenck H. i M., *Podpatrywanie umysłu. Dlaczego ludzie zachowują się tak, jak się zachowują?*, Gdańsk 1996.

Ferriss T., *4-godzinny tydzień pracy. Nie bądź płatnym niewolnikiem od 7.00 do 17.00*, Warszawa 2009.

Flexner J.T., *Washington. Człowiek niezastąpiony*, Warszawa 1990.

Forward S., Frazier D., *Szantaż emocjonalny: jak obronić się przed manipulacją i wykorzystaniem*, Gdańsk 2011.

Frankl V.E., *Człowiek w poszukiwaniu sensu*, Warszawa 2009.

Frankl V.E., *Wola sensu*, Warszawa 2010.

Fraser J.F., *Jak Ameryka pracuje*, Przemyśl 1910.

Freud Z., *Wstęp do psychoanalizy*, Warszawa 1994.

Fromm E., *Mieć czy być*, Poznań 2009.

Fromm E., *Niech się stanie człowiek. Z psychologii etyki*, Warszawa 2005.

Fromm E., *O sztuce miłości*, Poznań 2002.

Fromm E., *O sztuce słuchania. Terapeutyczne aspekty psychoanalizy*, Warszawa 2002.

Fromm E., *Serce człowieka. Jego niezwykła zdolność do dobra i zła*, Warszawa 2000.

Fromm E., *Ucieczka od wolności*, Warszawa 2001.

Fromm E., *Zerwać okowy iluzji*, Poznań 2000.
Galloway D., *Sztuka samodyscypliny*, Warszawa 1997.
Gardner H., *Inteligencje wielorakie – teoria w praktyce*, Poznań 2002.
Gawande A., *Potęga checklisty: jak opanować chaos i zyskać swobodę w działaniu*, Kraków 2012.
Gelb M.J., *Leonardo da Vinci odkodowany*, Poznań 2005.
Gelb M.J., Miller Caldicott S., *Myśleć jak Edison*, Poznań 2010.
Gelb M.J., *Myśleć jak geniusz*, Poznań 2004.
Gelb M.J., *Myśleć jak Leonardo da Vinci*, Poznań 2001.
Giblin L., *Umiejętność postępowania z innymi…*, Kraków 1993.
Girard J., Casemore R., *Pokonać drogę na szczyt*, Warszawa 1996.
Glass L., *Toksyczni ludzie*, Poznań 1998.
Godlewska M., *Jak pokonałam raka*, Białystok 2011.
Godwin M., *Kim jestem? 101 dróg do odkrycia siebie*, Warszawa 2001.

Goleman D., *Inteligencja emocjonalna*, Poznań 2002.

Gordon T., *Wychowywanie bez porażek szefów, liderów, przywódców*, Warszawa 1996.

Gorman T., *Droga do skutecznych działań. Motywacja*, Gliwice 2009.

Gorman T., *Droga do wzrostu zysków. Innowacja*, Gliwice 2009.

Greenberg H., Sweeney P., *Jak odnieść sukces i rozwinąć swój potencjał*, Warszawa 2007.

Habeler P., Steinbach K., *Celem jest szczyt*, Warszawa 2011.

Hamel G., Prahalad C.K., *Przewaga konkurencyjna jutra*, Warszawa 1999.

Hamlin S., *Jak mówić, żeby nas słuchali*, Poznań 2008.

Heinrich Bernd, *Wieczne życie. O zwierzęcej formie śmierci*, Wołowiec 2014.

Hill N., *Klucze do sukcesu*, Warszawa 1998.

Hill N., *Magiczna drabina do sukcesu*, Warszawa 2007.

Hill N., *Myśl!... i bogać się. Podręcznik człowieka interesu*, Warszawa 2012.

Hill N., *Początek wielkiej kariery*, Gliwice 2009.
Ingram D.B., Parks J.A., *Etyka dla żółtodziobów, czyli wszystko, co powinieneś wiedzieć o...*, Poznań 2003.
Jagiełło J., Zuziak W. [red.], *Człowiek wobec wartości*, Kraków 2006.
James W., *Pragmatyzm*, Warszawa 2009.
Jamruszkiewicz J., *Kurs szybkiego czytania*, Chorzów 2002.
Johnson S., *Tak czy nie. Jak podejmować dobre decyzje*, Konstancin-Jeziorna 1995.
Jones Ch., *Życie jest fascynujące*, Konstancin-Jeziorna 1993.
Kanter R.M., *Wiara w siebie. Jak zaczynają się i kończą dobre i złe passy*, Warszawa 2006.
Keller H., *Historia mojego życia*, Warszawa 1978.
King Barbara J., *Osobowość na talerzu*, Warszawa 2017.
Kirschner J., *Zwycięstwo bez walki. Strategie przeciw agresji*, Gliwice 2008.
Koch R., *Zasada 80/20. Lepsze efekty mniejszym nakładem sił i środków*, Konstancin-Jeziorna 1998.

Kopmeyer M.R., *Praktyczne metody osiągania sukcesu*, Warszawa 1994.
Ksenofont, *Cyrus Wielki. Sztuka zwyciężania*, Warszawa 2008.
Kuba A., Hausman J., *Dzieje samochodu*, Warszawa 1973.
Kumaniecki K., *Historia kultury starożytnej Grecji i Rzymu*, Warszawa 1964.
Lamont G., *Jak podnieść pewność siebie*, Łódź 2008.
Leigh A., Maynard M., *Lider doskonały*, Poznań 1999.
Littauer F., *Osobowość plus*, Warszawa 2007.
Loreau D., *Sztuka prostoty*, Warszawa 2009.
Lott L., Intner R., Mendenhall B., *Autoterapia dla każdego. Spróbuj w osiem tygodni zmienić swoje życie*, Warszawa 2006.
Maige Ch., Muller J.-L., *Walka z czasem. Atut strategiczny przedsiębiorstwa*, Warszawa 1995.
Mansfield P., *Jak być asertywnym*, Poznań 1994.
Martin R., *Niepokorny umysł. Poznaj klucz do myślenia zintegrowanego*, Gliwice 2009.
Maslow A., *Motywacja i osobowość*, Warszawa 2009.

Matusewicz Cz., *Wprowadzenie do psychologii*, Warszawa 2011.
Maxwell J.C., *21 cech skutecznego lidera*, Warszawa 2012.
Maxwell J.C., *Tworzyć liderów, czyli jak wprowadzać innych na drogę sukcesu*, Konstancin-Jeziorna 1997.
Maxwell J.C., *Wszyscy się komunikują, niewielu potrafi się porozumieć*, Warszawa 2011.
McCormack M.H., *O zarządzaniu*, Warszawa 1998.
McElroy K., *Jak inwestować w nieruchomości. Znajdź ukryte zyski, których większość inwestorów nie dostrzega*, Osielsko 2008.
McGee P., *Pewność siebie. Jak mała zmiana może zrobić wielką różnicę*, Gliwice 2011.
McGrath H., Edwards H., *Trudne osobowości. Jak radzić sobie ze szkodliwymi zachowaniami innych oraz własnymi*, Poznań 2010.
Mellody P., Miller A.W., Miller J.K., *Toksyczna miłość i jak się z niej wyzwolić*, Warszawa 2013.
Melody B., *Koniec współuzależnienia*, Poznań 2002.

Miller M., *Style myślenia*, Poznań 2000.

Mingotaud F., *Sprawny kierownik. Techniki osiągania sukcesów*, Warszawa 1994.

MJ DeMarco, *Fastlane milionera*, Katowice 2012.

Morgenstern J., *Jak być doskonale zorganizowanym*, Warszawa 2000.

Nay W.R., *Związek bez gniewu. Jak przerwać błędne koło kłótni, dąsów i cichych dni*, Warszawa 2011.

Nierenberg G.I., *Ekspert. Czy nim jesteś?*, Warszawa 2001.

Ogger G., *Geniusze i spekulanci, Jak rodził się kapitalizm*, Warszawa 1993.

Osho, *Księga zrozumienia. Własna droga do wolności*, Warszawa 2009.

Parkinson C.N., *Prawo pani Parkinson*, Warszawa 1970.

Peale N.V., *Entuzjazm zmienia wszystko. Jak stać się zwycięzcą*, Warszawa 1996.

Peale N.V., *Możesz, jeśli myślisz, że możesz*, Warszawa 2005.

Peale N.V., *Rozbudź w sobie twórczy potencjał*, Warszawa 1997.

Peale N.V., *Uwierz i zwyciężaj. Jak zaufać swoim myślom i poczuć pewność siebie*, Warszawa 1999.
Peters Steve, *Paradoks szympansa*, Warszawa 2012.
Pietrasiński Z., *Psychologia sprawnego myślenia*, Warszawa 1959.
Pilikowski J., *Podróż w świat etyki*, Kraków 2010.
Pink D.H., *Drive*, Warszawa 2011.
Pirożyński M., *Kształcenie charakteru*, Poznań 1999.
Pismo Święte Starego i Nowego Testamentu. Biblia Tysiąclecia, Warszawa 2002.
Pismo Święte w Przekładzie Nowego Świata, 1997.
Popielski K., *Psychologia egzystencji. Wartości w życiu*, Lublin 2009.
Poznaj swoją osobowość, Bielsko-Biała 1996.
Przemieniecki J., *Psychologia jednostki. Odkoduj szyfr do swego umysłu*, Warszawa 2008.
Pszczołowski T., *Umiejętność przekonywania i dyskusji*, Gdańsk 1998.
Reiman T., *Potęga perswazyjnej komunikacji*, Gliwice 2011.
Robbins A., *Nasza moc bez granic. Skuteczna me-*

toda osiągania życiowych sukcesów za pomocą NLP, Konstancin-Jeziorna 2009.

Robbins A., *Obudź w sobie olbrzyma... i miej wpływ na całe swoje życie – od zaraz*, Poznań 2002.

Robbins A., *Olbrzymie kroki*, Warszawa 2001.

Robert M., *Nowe myślenie strategiczne: czyste i proste*, Warszawa 2006.

Robinson Ken, *Kreatywne szkoły*, Kraków 2015.

Robinson Ken, *Oblicza umysłu*, Gliwice 2011.

Robinson J.W., *Imperium wolności. Historia Amway Corporation*, Warszawa 1997.

Rose C., Nicholl M.J., *Ucz się szybciej, na miarę XXI wieku*, Warszawa 2003.

Rose N., *Winston Churchill. Życie pod prąd*, Warszawa 1996.

Rychter W., *Dzieje samochodu*, Warszawa 1962.

Ryżak Z., *Zarządzanie energią kluczem do sukcesu*, Warszawa 2008.

Savater F., *Etyka dla syna*, Warszawa 1996.

Schäfer B., *Droga do finansowej wolności. Pierwszy milion w ciągu siedmiu lat*, Warszawa 2011.

Schäfer B., *Zasady zwycięzców*, Warszawa 2007.

Scherman J.R., *Jak skończyć z odwlekaniem i działać skutecznie*, Warszawa 1995.

Schuller R.H., *Ciężkie czasy przemijają, bądź silny i przetrwaj je*, Warszawa 1996.

Schwalbe B., Schwalbe H., Zander E., *Rozwijanie osobowości. Jak zostać sprzedawcą doskonałym*, tom 2, Warszawa 1994.

Schwartz D.J., *Magia myślenia kategoriami sukcesu*, Konstancin-Jeziorna 1994.

Schwartz D.J., *Magia myślenia na wielką skalę. Jak zaprząc duszę i umysł do wielkich osiągnięć*, Warszawa 2008.

Shapiro Paul, *Czyste mięso*, Warszawa 2018.

Scott S.K., *Notatnik milionera. Jak zwykli ludzie mogą osiągać niezwykłe sukcesy*, Warszawa 1997.

Sedlak K. [red.], *Jak poszukiwać i zjednywać najlepszych pracowników*, Kraków 1995.

Seiwert L.J., *Jak organizować czas*, Warszawa 1998.

Seligman M.E.P., *Co możesz zmienić, a czego nie możesz*, Poznań 1995.

Seligman M.E.P., *Pełnia życia*, Poznań 2011.

Seneka, *Myśli*, Kraków 1989.
Sewell C., Brown P.B., *Klient na całe życie, czyli jak przypadkowego klienta zmienić w wiernego entuzjastę naszych usług*, Warszawa 1992.
Słownik pisarzy antycznych, Warszawa 1982.
Smith A., *Umysł*, Warszawa 1989.
Spector R., *Amazon.com. Historia przedsiębiorstwa, które stworzyło nowy model biznesu*, Warszawa 2000.
Spence G., *Jak skutecznie przekonywać... wszędzie i każdego dnia*, Poznań 2001.
Sprenger R.K., *Zaufanie # 1*, Warszawa 2011.
Staff L., *Michał Anioł*, Warszawa 1990.
Stone D.C., *Podążaj za swymi marzeniami*, Konstancin-Jeziorna 1998.
Swiet J., *Kolumb*, Warszawa 1979.
Szurawski M., *Pamięć. Trening interaktywny*, Łódź 2004.
Szyszkowska M., *W poszukiwaniu sensu życia*, Warszawa 1997.
Tatarkiewicz W., *O szczęściu*, Warszawa 1979.
Tavris C., Aronson E., *Błądzą wszyscy (ale nie ja)*, Sopot-Warszawa 2008.

Tracy B., *Milionerzy z wyboru. 21 tajemnic sukcesu*, Warszawa 2002.

Tracy B., *Plan lotu. Prawdziwy sekret sukcesu*, Warszawa 2008.

Tracy B., Scheelen F.M., *Osobowość lidera*, Warszawa 2001.

Tracy B., *Sztuka zatrudniania najlepszych. 21 praktycznych i sprawdzonych technik do wykorzystania od zaraz*, Warszawa 2006.

Tracy B., *Turbostrategia. 21 skutecznych sposobów na przekształcenie firmy i szybkie zwiększenie zysków*, Warszawa 2004.

Tracy B., *Zarabiaj więcej i awansuj szybciej. 21 sposobów na przyspieszenie kariery*, Warszawa 2007.

Tracy B., *Zarządzanie czasem*, Warszawa 2008.

Tracy B., *Zjedz tę żabę. 21 metod podnoszenia wydajności w pracy i zwalczania skłonności do zwlekania*, Warszawa 2005.

Twentier J.D., *Sztuka chwalenia ludzi*, Warszawa 1998.

Urban H., *Moc pozytywnych słów*, Warszawa 2012.

Ury W., *Odchodząc od nie. Negocjowanie od konfrontacji do kooperacji*, Warszawa 2000.
Vance Erik, *Potęga sugestii*, Warszawa 2018.
Vitale J., *Klucz do sekretu. Przyciągnij do siebie wszystko, czego pragniesz*, Gliwice 2009.
Waitley D., *Być najlepszym*, Warszawa 1998.
Waitley D., *Imperium umysłu*, Konstancin-Jeziorna 1997.
Waitley D., *Podwójne zwycięstwo*, Warszawa 1996.
Waitley D., *Sukces zależy od właściwego momentu*, Warszawa 1997.
Waitley D., Tucker R.B., *Gra o sukces. Jak zwyciężać w twórczej rywalizacji*, Warszawa 1996.
Walker Timothy D., *Fińskie dzieci uczą się najlepiej*, Warszawa 2017.
Walton S., Huey J., *Sam Walton. Made in America*, Warszawa 1994.
Waterhouse J., Minors D., Waterhouse M., *Twój zegar biologiczny. Jak żyć z nim w zgodzie*, Warszawa 1993.
Ware Bronnie, *Czego najbardziej żałują umierający*, Warszawa 2016.

Wegscheider-Cruse S., *Poczucie własnej wartości. Jak pokochać siebie*, Gdańsk 2007.

Wilson P., *Idealna równowaga. Jak znaleźć czas i sposób na pełnię życia*, Warszawa 2010.

Ziglar Z., *Do zobaczenia na szczycie*, Warszawa 1995.

Ziglar Z., *Droga na szczyt*, Konstancin-Jeziorna 1995.

Ziglar Z., *Ponad szczytem*, Warszawa 1995.

O autorze

Andrzej Moszczyński od 30 lat aktywnie zajmuje się działalnością biznesową. Jego główną kompetencją jest tworzenie skutecznych strategii dla konkretnych obszarów biznesu.

W latach 90. zdobywał doświadczenie w branży reklamowej – był prezesem i założycielem dwóch spółek z o.o. Zatrudniał w nich ponad 40 osób. Spółki te były liderami w swoich branżach, głównie w reklamie zewnętrznej – tranzytowej (reklamy na tramwajach, autobusach i samochodach). W 2001 r. przejęciem pakietów kontrolnych w tych spółkach zainteresowały się dwie firmy: amerykańska spółka giełdowa działająca w ponad 30 krajach, skupiająca się na reklamie radiowej i reklamie zewnętrznej oraz największy w Europie fundusz inwestycyjny.

W 2003 r. Andrzej sprzedał udziały w tych spółkach inwestorom strategicznym.

W latach 2005-2015 był prezesem i założycielem spółki, która zajmowała się kompleksową komercjalizacją liderów rynku deweloperskiego (firma w sumie sprzedała ponad 1000 mieszkań oraz 350 apartamentów hotelowych w systemie condo).

W latach 2009-2018 był akcjonariuszem strategicznym oraz przewodniczącym rady nadzorczej fabryki urządzeń okrętowych Expom SA. Spółka ta zasięgiem działania obejmuje cały świat, dostarczając urządzenia (w tym dźwigi i żurawie) dla branży morskiej. W 2018 r. sprzedał pakiet swoich akcji inwestorowi branżowemu.

W 2014 r. utworzył w USA spółkę LLC, która działa w branży wydawniczej. W ciągu 14 lat (poczynając od 2005 r.) napisał w sumie 22 kieszonkowe poradniki z dziedziny rozwoju kompetencji miękkich – obszaru, który ma między innymi znaczenie strategiczne dla budowania wartości niematerialnych i prawnych przedsiębiorstw. Poradniki napisane przez Andrzeja koncentrują się na przekazaniu wiedzy o wartościach i rozwoju osobowości – czynnikach odpowiedzialnych za prowadzenie dobrego życia, bycie spełnionym i szczęśliwym.

Andrzej zdobywał wiedzę z dziedziny budowania wartości firm oraz tworzenia skutecznych strategii przy udziale następujących instytucji: Ernst & Young, Gallup Institute, Pricewaterhause-Coopers (PwC) oraz Harward Business Review. Jego kompetencje można przyrównać do pracy **stroiciela instrumentu.**

Kiedy miał 7 lat, mama zabrała go do szkoły muzycznej, aby sprawdzić, czy ma talent. Przeszedł test pozytywnie – okazało się, że może rozpocząć edukację muzyczną. Z różnych powodów to nie nastąpiło. Często jednak w jego książkach czy wykładach można usłyszeć bądź przeczytać przykłady związane ze światem muzyki.

Dlaczego można przyrównać jego kompetencje do pracy stroiciela na przykład fortepianu? Stroiciel udoskonala fortepian, aby jego dźwięk był idealny. Każdy fortepian ma swój określony potencjał mierzony jakością dźwięku – dźwięku, który urzeka i wprowadza ludzi w stan relaksu, a może nawet pozytywnego ukojenia. Podobnie jak stroiciel Andrzej udoskonala różne procesy – szczególnie te, które dotyczą relacji z innymi ludźmi. Wierzy, że ludzie posiadają mechanizm psychologiczny, który można symbolicznie przyrównać do **mentalnego żyroskopu** czy **mentalnego noktowizora**. Rola Andrzeja polega na naprawieniu bądź wprowadzeniu w ruch tych „urządzeń".

Żyroskop jest urządzeniem, które niezależnie od komplikacji pokazuje określony kierunek. Tego typu urządzenie wykorzystywane jest na statkach i w samolotach. Andrzej jest przekonany, że rozwijanie **koncentracji i wyobraźni** prowadzi do włączenia naszego mentalnego żyroskopu. Dzięki temu możemy między innymi znajdować skuteczne rozwiązania skomplikowanych wyzwań.

Noktowizor to wyjątkowe urządzenie, które umożliwia widzenie w ciemności. Jest wykorzystywane przez wojsko, służby wywiadowcze czy myśliwych. Życie Andrzeja ukierunkowane jest na badanie tematu źródeł wewnętrznej motywacji – siły skłaniającej do działania, do przejawiania inicjatywy, do podejmowania wyzwań, do wchodzenia w obszary zupełnie nieznane. Andrzej ma przekonanie, że rozwijanie **poczucia własnej wartości** prowadzi do włączenia naszego mentalnego noktowizora. Bez optymalnego poczucia własnej wartości życie jest ciężarem.

W swojej pracy Andrzej koncentruje się na procesach podnoszących jakość następujących obszarów: właściwe interpretowanie zdarzeń, wyciąganie wniosków z analizy porażek oraz sukcesów, formułowanie właściwych pytań, a także korzystanie z wyobraźni w taki sposób, aby przewidywać swoją przyszłość, co łączy się bezpośrednio z umiejętnością strategicznego myślenia. Umiejętności te pomagają rozumieć mechanizmy wywierania wpływu przez inne osoby i umożliwiają niepoddawanie się wszechobecnej indoktrynacji. Kiedy mentalny noktowizor działa poprawnie, przekazuje w odpowiednim czasie sygnały ostrzegające, że ktoś posługuje się manipulacją, aby osiągnąć swoje cele.

Andrzej posiada również doświadczenie jako prelegent, co związane jest z jego zaangażowaniem w działania społeczne. W ostatnich 30 latach był zapraszany do udziału w różnych szkoleniach i seminariach, zgromadzeniach czy kongresach – w sumie jako mówca wystąpił ponad 700 razy. Jego przemówienia i wykłady znane są z inspirujących przykładów i zachęcających pytań, które mobilizują słuchaczy do działania.

OFERTA WYDAWNICZA
Andrew Moszczynski Group sp. z o.o.

www.ingramcontent.com/pod-product-compliance
Lightning Source LLC
LaVergne TN
LVHW040042080526
838202LV00045B/3458